KB117667

바운스 백

바운스 백 공처럼 다시 튀어 오르는 사람들의 비밀

1판 1쇄 발행 2014. 12. 8.
1판 2쇄 발행 2019. 4. 11.

지은이 김현중

발행인 고세규
편집 강미선
디자인 길하나
마케팅 김용환, 박제연, 백선미, 김새로미, 이헌영, 박치우, 고은미
제작 안해룡, 박상현
제작처 재원프린팅, 금성엘엔에스, 정문바인텍

발행처 김영사
등록 1979년 5월 17일(제406-2003-036호)
주소 경기도 파주시 문발로 197(문발동) 우편번호 10881
전화 마케팅부 031)955-3100, 편집부 031)955-3200, 팩스 031)955-3111

값은 뒤표지에 있습니다.
ISBN 978-89-349-6958-7 03320

홈페이지 www.gimmyoung.com   블로그 blog.naver.com/gybook
페이스북 facebook.com/gybooks   이메일 bestbook@gimmyoung.com

좋은 독자가 좋은 책을 만듭니다.
김영사는 독자 여러분의 의견에 항상 귀 기울이고 있습니다.

이 도서의 국립중앙도서관 출판시도서목록(CIP)은 서지정보유통지원시스템 홈페이지
(http://seoji.nl.go.kr)와 국가자료공동목록시스템(http://www.nl.go.kr/kolisnet)에서
이용하실 수 있습니다.(CIP제어번호 : CIP2014033387)

BOUNCE BACK

바운스 백

공처럼 다시 튀어 오르는 사람들의 비밀

| 김현중 |

김영사

프롤로그

바닥에서 깨질 것인가,
튀어 오를 것인가?

미국에서 손꼽히는 세 명의 대학 졸업 연설이 있다. 2005년 스티브 잡스의 스탠포드 대학 연설, 2008년 조앤 롤링의 하버드 대학 연설, 코난 오브라이언의 2011년 다트머스 대학 졸업 연설. 그들의 연설을 듣다 보면 가슴이 뭉클해지다가도 배를 잡고 웃게 된다.

　세계적으로 명성을 얻은 그들이 갓 대학을 졸업하는 이들에게 던진 메시지는 무엇이었을까. 그들이 한결같이 강조한 것은 '실패의 중요성'과 '바닥을 친 후의 회복'이었다.

　스티브 잡스는 대학 중퇴와 해고, 사업 실패를 겪었다. 조앤 롤링은 가난 속에서 싱글맘 생활을 이어갔다. 코난 오브라이언은 17년간 일했던 방송사에서 떠나는 고난을 겪었다. 공교롭게도 이 세 명은 모두 벼랑 끝까지 내몰리는 어려움을 당했다. 하지만 도전을 거듭했고 결국 우뚝 일어섰다.

이것이 바로 '바운스 백'이다. 실패와 역경을 겪어도 다시 회복하여 본래의 목적과 궤도를 되찾고 더 큰 성과를 내는 것! 바운스 백은 공이 튀어 오르는 것을 말한다. 공은 바닥으로 떨어지더라도 탄력 있게 튀어 오른다. 인생도 바로 이 공과 같다. 밑바닥으로 추락하더라도 다시 튀어 오를 수 있다. 물론 반대의 경우도 있다. 유리처럼 깨지거나, 진흙처럼 바닥에 달라붙어 다시는 재기할 수 없는 경우도 많다. 즉, 바운스 백 능력이 없으면 실패할 수밖에 없다.

당신은 어떠한 경우에 속하는가? 당신의 가족은? 회사는? 당신은 시련과 역경을 만나 유리처럼 산산조각 날 것인가, 아니면 공처럼 다시 튀어 오를 것인가?

누가, 어떻게 바운스 백 할 것인가

하버드 대학 학생들을 70여 년 동안 추적하여 '인생의 행복조건'을 밝힌 연구가 있다. 그 결과, 일곱 가지 주요한 행복의 조건이 추출되었다. 교육, 안정된 결혼생활, 금연, 금주, 운동, 알맞은 체중. 나머지 한 가지는 무엇이었을까? 그것은 '고통에 대응하는 성숙한 메커니즘'이었다. 이것은 '고통이 얼마나 크고 작은가'가 아닌, '고통에 어떻게 대응하는가'를 뜻한다. 시련과 역경에 쓰러지지 않고 일어서는 힘인 바운스 백은 행복하게 살 수 있는 중요한 조건 중 하나다.

한편, 바운스 백에 대한 탐구는 두 가지 질문으로 초점이 모아졌다. '누가 바운스 백 할 수 있는가(Who)'와 '어떻게 바운스 백 할 수 있는가(How)'. 심리학 학계에서 이를 연구했고 그 결과는 매우 긍정적이었다. 연구진은 제2차 세계대전 중 홀로코스트에서 살아남은 어린이들을 30여 년 뒤 추적하고, 9·11 테러의 희생자 가족과 정신분열증 환자의 자녀들도 조사했다. 그 결과 놀라운 점이 발견되었다.

상당수가 고통스러운 트라우마를 잘 견뎌내고 활력 넘치는 생활을 하고 있었던 것이다. 연구진은 이로써 '회복력은 매우 평범하다'는 놀라운 사실을 발견했다. 회복력은 대부분 인간이 갖고 있는 기본적인 적응 시스템이 작동한 결과로 누구에게나 나타나는 평범한 현상이었던 것이다.

그러나 한 가지 의문이 생겼다. 그렇다면 왜 같은 조직에서 누구는 성공하고 누구는 성공하지 못하는가. 왜 성공과 실패가 갈리는가. 누구에게나 바운스 백의 잠재력이 있지만 집단이나 조직 생활에서 이를 제대로 발휘하는 것은 다른 문제였다.

이 책은 이러한 의문점에 대한 답을 제시한다. 누가, 어떻게 바운스 백 할 수 있는지 그 방법을 독자와 함께 찾고자 한다.

바운스 백 렌즈로 보는 새로운 리더십 통찰력

'일이관지 一以貫之'라는 말이 있다. 공자가《논어》에서 한 말로, '한 가지로 일관되게 꿰뚫는다'는 뜻이다. 시련과 역경에도 실패하지 않고 성공한 기업과 리더들의 사례를 살펴보면서 이들의 바운스 백과 그를 이끈 리더십을 일이관지 해보았다. 그 결과 새로운 리더십이 보였다.

먼저, 쓰러지고 실패하는 고통 속에서도 분투하는 '리더의 삶'과 그 삶이 말해주는 고유한 '스토리'를 좀 더 깊이 있게 관찰할 수 있었다. 그 안에는 시련과 역경에도 계속 전진하는 리더의 긴 '여정'이 있었다. 또한 리더는 쉬지 않고 미래와 현재와의 대화를, 주변과의 열린 소통을 하고 있었다. 이렇듯 리더십은 박제처럼 죽어 있는 것이 아니라 생생하게 살아있는 역동적인 과정을 담고 있었다. 그렇기에 이 책에서 '리더십은 생물이다'라고 말한다.

이는 리더십을 성공하는 기술로만 여기는 기존의 접근법으로는 전혀 알 수 없는 통찰력이다. 여기에 큰 힘을 보태준 것이 이 책 4부에서 만나게 될 '고전 중의 고전'《일리아스》와《오디세이아》다. 이 두 고전작품은 리더들이 바운스 백 과정에서 어떻게 생각하고 어떻게 행동하는지를 잘 보여준다. 사람들의 원초적인 사고와 행동을 만나볼 수 있다.

바운스 백 렌즈로 리더십을 보면 깊은 시야와 함께 넓은 통찰력도 얻을 수 있다. 넓은 통찰력이란 '실패-회복-성장'의 모든 과정을 볼 수 있는 것을 뜻한다. 이 통찰력은 성공과 실패에 일희일비하지 않는 담대함, 실패해도 다시 회복하며 성장할 수 있다는 의지와 용기, 언제든 다시 실패할 수 있다는 조심과 겸손의 중요성을 우리에게 알려준다. 나아가 자신의 바운스 백 경험을 살려 타인의 바운스 백을 도울 수 있다. 리더의 정의가 '자신뿐만 아니라 다른 사람까지 더불어 같이 성공시키는 사람'이라고 하지 않은가.

바운스 백을 순우리말로 어떻게 표현할 수 있을까 고민하다가 이 말을 떠올리며 피식 웃었다. 그 말은 바로 '살아 있네!'다. 살아 있음을 나타내는 표현으로 이 책에서는 '호랑이의 눈'을 선택했다. 또한 바운스 백 하여 위로 힘차게 솟구쳐 오르는 것을 '독수리 날개'라고 표현하려 한다. 다음의 말로 서문을 마친다.

"꼭 바운스 백 하십시오. 호랑이의 눈과 독수리 날개처럼!"

2014년 11월
이타카에서
김현중

차례

"이 바보 같은 녀석아, 만약 패배를
어떻게 받아들여야 하는지 모른다면
넌 결코 멋지게 승리하는 방법을
알 수가 없을 거다. 이 사실을 깨닫지 못하면,
넌 더 이상 경기를 할 자격이 없어."

문제는
'바운스 백'이야

: 실패 이후의 성공을 결정하는 바운스 백

최악의
퍼펙트 스톰이
몰려올 때

FDR로 불리는 미국 루스벨트 대통령 Franklin Delano Roosevelt은 미국의 처음이자 마지막 4선 대통령이다. 뿐만 아니라《타임》지 선정 '올해의 인물'에 세 번이나 오른 유일한 인물이다. FDR을 말하려면 두 가지 '도전'과 '성취'를 빼놓을 수 없다. 그는 대공황을 뉴딜 정책으로 극복했고 제2차 세계대전을 승리로 이끌었다. 이로써 그는 지금까지 20세기 대표적인 인물로 꼽히고 있다.

그러나 산이 높으면 골도 깊은 법, FDR도 예외일 수 없었다. 그역시 꼼짝없이 무릎 꿇은 처절한 순간이 있었다. 인생 최대의 시련과 고통을 한꺼번에 겪은 것이다.

1921년 여름, 전년도 선거의 패배로 심신이 지친 그는 여름 휴양 차 작은 섬인 캄포벨로를 찾았다.[1] FDR은 오래전부터 루스벨트 가의 가족 별장이 있는 이곳을 아주 좋아했다. 어릴 적부터 매년 여름마다 머물렀기에 아름다운 추억도 많은 곳이었다. 정치 입문 후 몇 년간 가보지 못해 그리움만 가득 쌓였던 그곳에 그는 마침내 도착했다.

나쁜 일은 한꺼번에 몰려온다고 했던가. 그는 차가운 바닷물에 들어가자마자 몸이 이상하다는 것을 느꼈다. 멀쩡하던 몸에 갑자기 마비가 찾아왔다. 마흔의 나이에 소아마비에 걸린 것이다. 당시는 소아마비 백신이 개발되기 전이었다. 소아마비가 발병하면 최초 열흘의 대응이 중요했는데 외진 별장에 있던 그로서는 적절한 대처를 할 수 없었다.

낙선 후 약해진 마음에 몸까지 망가졌다. 하버드 대학 출신의 장래가 촉망되던 젊은 정치인, FDR이 최악의 나락에 떨어진 것이다. 그러나 그는 주저앉지 않았다. 운명에 무릎 꿇지 않고 눈물겨운 분투를 거듭하여 정계로 다시 돌아왔다. 평생 두 다리를 쓸 수 없는 장애인이 되었지만 이를 딛고 1933년 32대 대통령으로 당선되며 미국사를 새롭게 썼다.

1929년 대공황 이후 미국 경제는 만신창이 상태였다. 더 큰 문제는 미국인들의 패배감이었다. 그들의 불안한 심리는 국가 경제에 대단히 부정적인 요소였고 FDR은 이를 잘 알고 있었다. 좌절한 국민들의 마음을 치유하고 자신감을 회복시키는 것이 급선무였다. FDR

은 취임식 연설에서 리더로서 확실한 메시지를 전할 필요가 있었다. 그는 이렇게 말했다.

우리가 가장 두려워해야 할 것은 바로 두려움 그 자체입니다.

FDR은 영국 시인 윌리엄 어니스트 헨리가 쓴 시, 'Invictus'를 애송했다. 이는 라틴어로 '정복당하지 않는'이라는 뜻으로 마지막 대목이 특히 인상적이다.

나는 내 운명의 주인, 나는 내 영혼의 선장.

사람은 파괴될지언정 패배하지 않는다

미국 동부 보스턴에서 북동쪽으로 한 시간 가량 떨어진 작은 시골 마을. 대서양을 바라보는 항구인 이곳의 이름은 글로스터다. 느닷없이 이곳 이야기를 꺼낸 이유는 다름 아닌 〈퍼펙트 스톰〉이라는 영화 때문이다. 이 영화의 배경이 바로 이곳 글로스터다. 2000년 제작된 이 영화는 1991년 10월의 실재 사건을 바탕으로 만들어졌다.

소형 어선 '안드레아 게일' 호의 선장(조지 클루니)은 다섯 명의 선원들과 함께 고기잡이에 나섰다. 그들은 물고기를 찾아 좀 더 먼 바다로 나간다. 그런데 날씨가 문제를 일으켰다. '스톰'이 온 것이다. 악전고투가 시작됐고 선원들은 죽기 살기로 거친 바다에 맞섰다. 하지만 폭풍우는 점점 거세지고 더 큰 시련까지 몰려왔다. 남쪽 카리브해로부터 허리케인이 밀어닥친 것이다. 불운은 그것으로 끝이 아니었다. 북쪽 캐나다에서 몰려오는 한랭전선까지 이들을 위협했다.

스톰과 허리케인, 한랭전선. 이 세 가지가 한꺼번에 같은 지역에서 충돌하고 증폭되어 사상 유래 없는 악천후가 시작된다. 기상관측소에서 "인류 역사에 길이 남을 최악의 재난이 벌어질 것"이라 말할 정도로 최악의 상황이었다. 이것이 바로 '퍼펙트 스톰'이다.

비즈니스나 인생에서도 이와 같은 상황과 마주칠 때가 있다. 퍼펙트 스톰처럼 여러 시련이 한꺼번에 들이닥친다. 자녀 문제, 직장 문제, 재정 문제, 건강 문제가 동시에 일어난다. 도저히 정신을 차릴 수가 없고 헤쳐 나갈 방법은 보이지 않는다. 주위에는 도와줄 사람 한명 없다. 조금씩 상황이 좋아져 한숨을 돌리나 싶으면 예상치 못했던 전혀 다른 문제가 또 튀어나온다. 소설 《노인과 바다》에 나오는 주인공 노인처럼 말이다.

소설 속 노인은 살라오 Salao(운이 없는 사람이라는 스페인어)에 빠져 무려 84일 동안 고기 한 마리 낚지 못하다가 엄청난 크기의 청새치를 잡았다. 배에 청새치를 묶고 항구로 돌아갈 생각에 노인의 기분은 날아갈 듯하다. 하지만 기쁨도 잠시, 상어가 떼로 몰려온다. 노인은 청새치를 뜯어 먹는 상어떼에 맞서 싸웠다. 배에 있던 도구를 모두 동원하고 상처를 입으면서까지 처절한 싸움은 계속되었다. 결국 상어떼는 청새치를 남김없이 먹고 나서야 사라졌다. 뼈만 앙상하게 남은 청새치를 보며 노인은 말한다.

사람은 파괴될지언정, 패배하지 않는다.

아무 것도 시도하지 않는 것이 실패다

《해리포터》의 작가 조앤 롤링 역시 퍼펙트 스톰에 맞닥뜨렸다. 롤링은 2008년 하버드 대학 졸업 연설에서 아래와 같이 자신의 과거를 담담히 이야기했다.

졸업한 지 겨우 7년 만에 제 삶은 그야말로 실패에 이르렀습니다. 결혼생활은 얼마 못 가서 파탄이 났고 졸지에 직장도 없이 자식을 키우는 처지가 되었습니다. 영국에서 노숙자를 제외하고 가장 가난한 사람이었습니다. 제 부모님께서 그토록 걱정하셨던 것, 제가 그렇게 두려워했던 것이 현실이 되었고 그 어떤 사람의 삶보다 실패했습니다. 당시 제 삶은 너무나 암울했고 어두운 터널의 끝이 어디인지, 얼마나 오랫동안 계속될지 도무지 알 수 없었습니다.

하지만 롤링은 퍼펙트 스톰에 지배당하지 않았다. 그녀에게는 이때가 오히려 기회였다.

저는 실패한 제 자신을 있는 그대로 받아들이게 되었고 모든 열정을 한 가지에 쏟아붓기 시작했습니다. 제 삶에 별 문제가 없었다면 소설로 성공하겠다는 굳은 의지를 다지지 못했을 것입니다. 이미 실패를 경험했기 때문에 저는 실패에 대한 두려움으로부터 마침내 자유로워졌습니다. 엄청난 실패를 겪고도 저는 여전히 살아 숨 쉬고 있었고, 너무나도 사랑하는 딸이 곁에 있었으며 낡은 타자기 한 대와 원대한 꿈도 있었습니다. 추락한 바닥을 주춧돌 삼아 제 삶을 다시 튼튼하게 세울 수 있었습니다.

아울러 롤링은 실패를 재정의하면서 우리에게 용기를 주었다.

살다 보면 누구나 실패하기 마련입니다. 극도로 몸을 사리고 조심하면 실패를 면할지 모르지만 그것은 삶이 아닙니다. 실패가 두려워 아무 시도도 하지 않는다면 삶 자체가 실패가 됩니다. 저는 실패를 통해 시험을 통과해서는 얻을 수 없었던 마음의 안정을 찾았습니다. 실패를 통해서 제 자신을 더 잘 알게 되었습니다. 실패하지 않았다면 도저히 깨달을 수 없었을 것입니다. 혹독한 대가를 치렀지만 그 어떤 자격증보다도 가치 있는 소득이었습니다.

그녀는 실패와 바운스 백의 중요성을 다음과 같이 강조하며 연설을 마무리했다.

삶은 힘들고 복잡하고 우리 뜻대로 되지 않습니다. 수많은 자격증, 화려한 이력서가 여러분의 인생은 아닙니다. 삶이란 무엇을 얻고 성취하는 것이 전부가 아니라는 사실을 깨달아야 행복할 수 있습니다. 이 사실을 알고 겸허히 받아들이면 어떤 고난도 이겨낼 수 있습니다.

다시 영화 〈퍼펙트 스톰〉으로 돌아가 보자. 이 영화에서 가장 인상적인 대사가 있다. 거대한 폭풍에 맞서 분투하는 작은 배 위의 선장과 다섯 명의 선원. 그들은 짧지만 강력한 메시지를 전달한다.

"폭풍은 또 올 거야!"

"그래도 원 없이 싸워 봤잖아!"

그렇다. 폭풍은 또 올 것이다. 그 폭풍 속에서 우리는 저마다의 배를 타고 있다. 자신이 선장으로 있는 인생이라는 작은 배를.

나무의 차이는
겨울을 이겨낸 다음에
달렸다

현대는 실패의 시대다. 그래서일까. 모든 것이 변하고 불확실한 오늘날은 누구나 실패를 경험한다. 그래서 실패를 '현대성의 일부 혹은 현대성의 경험이다'라고 단언하기도 한다.[2]

즉 세계화된 현대 사회에서는 누구라도 실패할 수 있으며, 바로 이 점에서 현대의 삶이 이전 세기와 구별된다. 때문에 우리는 실패에 두려움을 갖기보다 차라리 친숙해져야 한다.

고대에는 영웅만이 실패했고 그 실패는 소시민과는 상관이 없는 일이었다. 예를 들어 이카로스가 밀랍 날개가 녹아 추락한들, 오디세우스가 표류한들, 오이디푸스가 비극을 겪든 그것은 영웅만의 문제였다. 이 예외적 운명이 모든 사람의 운명이 된 것은 근대의 축복이자 저주라 할 수 있다. 누구나 성공을 향해 도전할 수 있는 축복된 시대이지만 동시에 누구나 실패하고 추락할 수 있기 때문이다.

19세기에 산업화가 진행되면서 실패의 일반화는 점점 더 가속화되었다. 그것은 20세기의 작가들에게서도 마찬가지였다.《고도를 기다리며》의 작가 사무엘 베케트가 그 좋은 예인데 그는 실패에 관해 유명한 격언을 남겼다.

> 끊임없이 시도했다. 그때마다 실패했다. 늘 다시 시도했다. 또 실패했다. 이번에는 좀 더 세련되게.

베케트는 현대 예술에서 실패하지 않는 것은 불가능하다고 여겼다. 그는 사람들이 실패작이라고 말하는 작품을 계속 써나갔다. 실패를 거듭한 베케트는 결국 뛰어난 작품을 만들었다.

오늘날은 하나의 실패가 다른 실패를 잇달아 부르는, 소위 '실패 도미노' 시대다. 직장에서의 실패는 견고하게 보였던 가족관계마저 깨뜨리며 인생의 실패로 전이된다. 취업의 실패는 사랑의 실패로 이어지고, 인생의 낙오자로 낙인찍히는 아픔까지 경험하게 만든다.

비즈니스의 실패는 개인 신용을 망가뜨려 재무 기반뿐만 아니라, 보증을 선 주변 네트워크에까지 악영향을 미친다. 모두가 연결된 네트워크 시대에 실패 도미노는 피할 수 없는 현상이 되고 있다.

이처럼 실패가 현대성의 일부이고 누구나 실패한다면, 오늘날 실패는 더 이상 변수가 아니라 상수라는 말이 된다. 실패 상수 시대, 실패 도미노 시대, 이를 극복할 답은 어디에 있을까?

실패 '이후' 바운스 백이 차이를 만든다

누구나 실패한다면, 결국 차이를 만드는 것은 실패한 '이후'의 대응이다. 실패한 이후가 진짜 고비이며 바운스 백이 관건이 된다. 다음의 두 사례가 이를 잘 설명해준다.

비스마르크 시절, 몰트케 장군Helmuth Karl Barnhard Moltke이라는 명장이 있었다. 그는 프로이센의 참모총장으로서 비스마르크를 도와 독일 통일을 이끌었다. 그는 실패, 특히 청년의 실패에 대해 이렇게 말했다.

> 나는 언제나 청년의 실패를 흥미 있게 바라본다. 청년의 실패야말로
> 성공의 척도다. 실패를 어떻게 생각하였는가, 절망했는가, 후퇴했는
> 가, 또는 더욱 용기를 가지고 전진하였는가. 그것으로 그의 생애가 결
> 정된다.

실패한 이후, 실패를 딛고 바운스 백 했느냐가 청년의 나머지 생애를 결정한다는 것이다.

1930년 후반, 몰트케의 이 말을 가슴에 새기고 사는 한국의 젊은 사업가가 있었다.[3] 정미소와 운수업으로 큰돈을 벌게 되자 자신감을 얻은 그는 은행에서 돈을 빌려 땅을 사기 시작했다. 불과 2년 만에 대구 인근에 200만 평의 토지를 소유한 대지주 반열에 올랐다. 그러나 1937년 중일 전쟁이 터지자 대출은 막히고 땅값은 폭락했다. 결국 시가보다 싸게 땅을 팔고 정미소와 운수회사도 넘겼다. 실패로 끝난 것이다. 하지만 그는 몰트케의 말에 의지해 바운스 백에 성공했다.

이 이야기의 주인공은 삼성 창업주 이병철 회장이다. 그는 사업을 시작하기 전 청년 시절에 무려 10년간이나 실업자 신세를 면하지 못했다. 그는 훗날 회고록에서 "어떠한 인생에도 낭비라는 것은 있을 수 없다. 10년이 낭비였는지 아닌지, 그것은 10년 '이후'에 그 사람이 무엇을 하느냐에 달려 있다"고 말했다.

그는 실패와 그것을 극복하는 경험의 중요성을 잘 알고 있었다. 위암을 이겨낸 호암은 고희의 나이에 기업 운명이 걸린 반도체 사업에 나설 것을 결심했다. 반도체 투자로 그룹 전체가 망할지도 모른다는 소문이 돌던 1987년, 그는 공격적인 투자를 독려했다. 그리고 그해 임직원에게 보낸 신년사에 다음과 같은 메시지를 남겼다.

난관은 정복당하기 위해 존재하는 것이며 우리에게 주어진 발전의 기회다.

이것은 그의 마지막 신년사이기도 했다. 그 후 1993년 삼성은 삼성 신경영 선언에서 '실패=자산', 즉 실패의 자산학을 천명했다.

공처럼 바닥을 치고 튕겨 올라라

바운스 백은 실패한 '이후'의 회복이다. 농구, 테니스, 축구 경기에서 바닥을 치고 튕겨 올라가는 공을 떠올려 보라. '바운스Bounce'에다 '백Back'을 덧붙인 '바운스 백'이라는 것은 다시 튕겨져 원래 상태로 올라가는 다이내믹한 움직임을 강조한 말이다. 그래서 바운스 백은 추락한 '이후'의 활기찬 회복이며 힘이다.

나아가 바운스 백은 성장이다. 인생과 비즈니스는 바운스 백의 연속이다. 리더는 시련과 역경을 통해 단련되고 변화한다. 세상이 더 깊고 넓게 보이고 인간에 대한 이해가 깊어지며, 용기와 배짱이 생긴다. 새로운 도전이 닥쳐도 위축되지 않고 다른 사람들을 이끌며 앞으로 나아간다. 아픈 만큼 성숙하면서 바운스 백을 통해 성장한다.

스티브 잡스의 인생 또한 매우 극적이다. 스티브 잡스와 20여 년을 같이 일한 픽사의 사장 캣멀은 이렇게 회고했다.[4]

사람들이 잘 모르고 있는 것은 스티브 잡스가 나이가 들면서 많이 바뀌었다는 겁니다. 많은 사람이 알고 있는 스티브 잡스의 이미지는 그의 젊었을 때 모습입니다. 그는 매우 똑똑하지만 다소 충동적이며 사람을 대하는 기술이 떨어졌습니다. 그런데 애플에서 쫓겨나 넥스트를 만들고 픽사를 인수하는 과정에서 정말 많은 것을 배웠습니다. 이 과정에서 수많은 실수를 경험하면서 세상을 바라보는 그의 관점이 극적으로 바뀌었습니다. 우리가 1995년 토이스토리를 만들어 큰 성공을 경험했을 때 그는 젊었을 때와는 완전히 다른 사람이 되었어요.

잡스가 애플에서 해고되는 뼈아픈 실패를 경험하고 진정한 리더로 성장할 수 있었던 것은 이처럼 실패한 이후의 바운스 백 덕분이었다.

'경영의 신'이라 불리는 이나모리 가즈오 또한 그 일생 자체가 바운스 백 교과서였다. 그는 교세라를 창업해 세계 100대 기업으로 키웠고, 2010년에 파산한 일본 항공JAL에 '구원투수'로 투입돼 1년 만에 흑자를 이뤄냈다. 그는 《인생에 대한 예의》 서문 첫머리에서 이렇게 고백한다.

나의 인생을 되돌아보면 청소년 시절은 좌절의 연속이었다. 열두 살 때 당시 불치병이라 일컫던 결핵에 걸렸고 중학교와 대학 입학시험에 실패하여 지망했던 학교에 가지 못했다. 취직을 원하던 회사에 채용되지 않았고 겨우 들어간 곳은 계속해서 적자에 시달리던 회사였다. 동기들이 하나둘씩 회사를 떠나고 혼자만 남아 나 자신의 불운을

한탄한 적도 여러 차례 있었다.[5]

상사로부터 지방대학 출신이라고 멸시받고 무시당하던 그는 3년 만에 회사를 그만두고 창업을 했다. 그것이 오늘날 교세라가 만들어진 계기가 되었다. 그의 고백은 다음과 같이 이어진다.

좌절 투성이였던 청년 시절을 돌이켜보니 내게 닥친 고난 중 어느 하나만 빠졌더라도 교세라를 창업할 수 없었을 것이라는 생각이 강하게 든다. 행운이라는 게 있다면 그것은 역경 속에서 움켜잡는 것이다. 모든 역경은 미래를 이끌어주며 내 꿈을 멋지게 펼칠 수 있도록 도와준다. 성공의 토대는 바로 역경인 셈이다.[6]

그의 인생 이야기는 실패와 역경을 토대로 성장한 바운스 백을 잘 보여주고 있다.

리더의 성장 과정은 나무가 자라는 과정과 비슷하다. 매년 겨울이 찾아오듯 삶에도 어려움은 반드시 찾아온다. 하지만 겨울을 지내고 난 나무와 인간은 훨씬 강인해진다. 모진 겨울을 잘 견디기 위해서는 겨울이 오지 않기를 바라는 것이 아니라 어떤 추위에도 잘 견딜 수 있도록 튼튼한 자신을 만드는 일이 중요하다. 나무의 차이는 겨울을 이겨낸 '다음'의 성장에 달려 있듯이 결국 리더의 차이는 실패 '이후'의 대응으로 만들어진다. 이것이 실패의 시대를 사는 지혜이며 그 한 가운데에 바로 바운스 백이 있다.

최고의 CEO가
리더를 고르는 기준

이 바보 같은 녀석아, 만약 패배를 어떻게 받아들여야 하는지 모른다
면 넌 결코 멋지게 승리하는 방법을 알 수가 없을 거다. 이 사실을 깨
닫지 못하면, 넌 더 이상 경기를 할 자격이 없어.

경기 직후 라커룸에서 이 이야기를 들은 '바보 같은 녀석'은 고등
학교 하키팀의 주장이다. 그리고 이런 모진 말을 한 이는 다름 아닌
그의 어머니다. 사건의 발단은 이러했다.[7]

미국 보스턴 동북부, 세일럼 고등학교 하키팀은 연이은 패배로 분
위기가 가라앉아 있었다. 여섯 게임 연속 패배, 이대로 시즌을 마무

리하기에는 너무 억울했다. 남은 게임은 단 하나, 시즌 마지막 경기였다. 마지막 경기인 만큼 꼭 승리하기를 원했다.

마지막 경기는 최대 라이벌인 베벨리 고등학교와의 대결이었다. 전후반 모두 마친 결과는 2대 2 무승부, 바로 연장전에 돌입했다. 그러나 결승골을 넣은 팀은 상대편이었고 결국 세일럼고등학교는 마지막 순간에 또 패하고 말았다. 화가 난 세일럼 팀의 주장은 하키 스틱을 경기장 한복판에 힘껏 내동댕이치고 라커룸으로 향했다.

그가 분을 삭이지 못하고 씩씩대고 있을 때 그의 어머니가 라커룸 문을 벌컥 열고 달려와 소리친 것이다. 주장이었던 이 고등학생은 친구들 모두가 보는 앞에서 엄청난 모욕을 당했다. 훗날 그는 이렇게 고백했다.

나는 어머니가 한 말을 그 후로도 결코 잊을 수가 없었다. 어머니는 내 삶에 가장 큰 영향을 주었다. 승리의 기쁨과 실패를 딛고 일어서는 자세의 중요함을 가르쳐 주었다. 만약 내게 사람들로 하여금 최고의 능력을 발휘하도록 만드는 리더십이 있다면 그것은 모두 어머니 덕분이다.

그의 어머니는 어떤 식으로도 사람들을 통솔해본 적이 없었던 평범한 주부였다. 하지만 자신감을 키워주는 방법은 잘 알고 있었다. 이는 다른 일화에서도 드러난다.

나는 말을 더듬는 습관을 가지고 있었는데 잘 고쳐지지 않았다. 가끔씩 말을 더듬어서 낭패를 당하거나 사건을 일으키곤 했다. 대학에 다닐 때, 가톨릭에서는 금요일에 고기 먹는 것을 금했기 때문에 종종 참치 샌드위치를 주문했다. 그런데 웨이트리스는 '차, 참치(tu-tuna) 샌드위치요'라는 내 주문을 '두 개의 참치(two tuna) 샌드위치'라고 알아듣고 하나가 아닌 두 개의 샌드위치를 가져오고는 했다.

그의 어머니는 그에게 이렇게 조언했다.

그건 네가 너무 똑똑해 머리가 입보다 훨씬 더 빠르기 때문이지. 어느 누구의 혀도 네 똑똑한 머리를 따라갈 수 없을 거야.

아들은 어머니의 말을 아무 의심 없이 믿었다. 그러자 그는 자신이 말을 더듬는다는 사실조차 전혀 깨닫지 못하게 되었다. 어머니는 그에게 자신감을 심어준 원천이었다.

비즈니스는 곧 사람이다

그에 대한 일화는 더 있다. 그의 아버지는 아일랜드 출신의 가난한 이민자였다. 고등학교도 졸업하지 못한 기차 기관사였다. 아버지는 퇴근할 때면 승객들이 두고 내린 신문들을 모아 집에 가지고 왔다. 그 덕분에 그는 여섯 살 때부터 신문을 읽기 시작했고 이때부터 밤에 신문을 읽는 것이 평생 습관이 되었다.

그의 대학 진학은 계획대로 되지 않았다. 집안 형편상 장학금이 필요했기에 전액 장학금을 주는 해군 ROTC를 지원했다. 성적이나 스포츠 양쪽에서 우수했던 그는 아이비리그에 속한 다트머스 대학과 컬럼비아 대학의 해군 ROTC 시험을 치뤘다. 가장 친한 두 친구가 모두 합격했고 그 역시 합격을 의심치 않았다. 그러나 그는 시험에 떨어졌고 그 후 수업료가 저렴한 매사추세츠 주립대학에 입학하게 되었다. 그럼에도 이것은 집안의 큰 경사였다. 집안에 사촌 한 명을 제외하고는 대학 진학을 한 사람이 없었기 때문이었다.

이 일화의 주인공은 다름 아닌 'CEO 중의 CEO', 'CEO가 가장 닮고 싶은 기업가', '세기의 경영자', '비즈니스계의 우상' 등 다양한 이름으로 불리는 잭 웰치다. 그의 업적은 눈부시다. 그는 시장가치가 120억 달러에 불과했던 기업 GE를 20년 만에 4,500억 달러 규모의 세계 1위 기업으로 키웠다. 전설의 발명가 에디슨이 만든 회사인 GE는 경영 매거진 《포브스》가 1917년부터 선정하는 100대 기업 가운데 여지껏 살아남은 세 회사 중 한 곳이다.

2001년 은퇴한 이래 잭 웰치 회장은 강연, 집필, 코칭 활동을 왕성하게 하고 있다. 잭 웰치가 강연 때 가장 많이 사용하는 단어는 'WINNING'이다. 워렌 버핏이 더 이상의 경영서는 필요 없을 것이

라고 극찬한 책, 그의 특강과 경험을 모은 책의 제목도 《WINNING》
이다. 잭 웰치는 이 책의 마지막 대목에서 이렇게 말한다.

> 비즈니스는 사람에 관한 것이다. 우리의 인생을 구성하는 것 역시 가
> 족, 친구, 동료, 상사, 스승, 코치 그리고 이웃 등 사람이 대부분이다.
> 결국 중요한 것은 사람이다. 나에게 질문을 해준 전 세계 수천 명의
> 사람들이 이 책을 함께 만들었다.

사람을 이끄는 리더라면 누구나 고개를 끄덕일 것이다.

성공과 실패를 좌우하는 힘, 바운스 백

비즈니스에서 사람이 가장 중요하다면 《WINNING》 중에서 특히 리
더들이 주목해야 할 부분은 사람을 뽑고 성장시키는 대목이다. 그중
에서도 아래의 '고위 경영진을 채용할 때 점검해야 할 네 가지'란 대
목은 리더들에게 많은 생각을 갖게 한다.

① 자기만의 고유함
② 미래를 내다보는 힘
③ 자신보다 훌륭한 사람들을 옆에 두려는 용기가 있는가?

④ 실패에서 다시 일어서는 회복력이 있는가?

이를 통합하여 리더를 다음과 같이 재정의 할 수 있다.

'리더는 자기만의 고유함을 가지고 미래를 내다보며 사람들과 함께 승리를 이끈다. 리더 역시 실수를 하고 비틀거리며 넘어지기도 한다. 중요한 것은 실패해도 다시 일어나 조직을 정비하여 앞으로 나아갈 수 있는 회복력을 가지는 것이다.'

이는 이 책의 주제와도 같다. 실패해도 회복할 수 있는 것, 넘어지더라도 털고 일어나는 것, 용수철처럼 다시 회복되는 것, 농구공처럼 바닥을 치고 다시 튀어 오르는 것, 이것이 바운스 백이다.

잭 웰치의 인생 역시 그랬다. CEO 중의 CEO는 어느 날 갑자기 생겨난 것이 아니었다. 그래서일까? 잭 웰치는《잭 웰치, 끝없는 도전과 용기》의 서문에서 이 점을 강조한다.

나는 실패가 성공만큼이나 훌륭한 가르침을 줄 수 있다는 사실을 배웠다.

이처럼 역경을 뛰어넘어 바운스 백 하는 능력은 기업에서도 대단히 중요하다.《하버드 비즈니스 리뷰》의 수석편집자인 다이앤 코투는 한 CEO와의 인터뷰 기사에서 이를 언급했다.[8]

얼마나 좋은 교육을 받았느냐, 얼마나 많은 경험을 했느냐보다 어느 정도의 회복력을 가지고 있느냐가 성공과 실패를 좌우합니다. 암 병동에서도, 올림픽에서도, 증권거래소에서도 변하지 않는 진실이죠.

기업은 끊임없이 새로운 것을 만들고 새로운 곳을 향해 나아간다. 그래서 기업의 일은 본질적으로 위험과 모험이다. 그 점에서 기업가와 탐험가는 서로 비슷하다. 성공한 기업가도 위대한 탐험가도 실패를 거듭하면서도 역경에 굴하지 않고 계속 전진했다. 최초로 전 세계를 배로 일주한 마젤란이 바로 그러한 모험가였다. 그는 아무도 가보지 않은 남미 대륙의 끝자락에서 해협을 찾아내어 통과했고, 넓은 태평양을 발견하고 그곳을 횡단했다. 누구도 시도하지 않았던 반대 방향으로 항해했고 세계 일주도 성공했다. 그 규모와 크기는 콜럼버스의 항해와도 비교가 되지 않았다.[9] 콜럼버스가 신대륙을 발견하기까지 두 달이 채 되지 않는 짧은 기간을 항해한 데 비해(1492년) 마젤란 함대의 모험은 장장 3년에 걸친 대장정이었다.

그러나 마젤란의 인생은 기구했다. 수많은 공헌에도 질시와 냉대 때문에 조국 포르투갈을 등져야 했고 결국 스페인 국왕의 승인과 지원으로 대모험을 떠날 수 있었다. 1519년 8월 스페인의 항구 세비야를 출발하여 3년간의 모험을 끝마쳤을 때 살아남은 이는 단 18명

(출발 때는 238명)뿐이었다. 그중 한 명인 피가페타란 사람이 세계일
주 항해를 기록했다. 마젤란에 대한 그의 평가는 이러했다.[10]

> 함장은 우리 가운데 누구보다 허기를 잘 견뎌냈으며 어떤 선원보다
> 도 뛰어난 항해술을 가지고 있었다. 하지만 마젤란 함장이 지니고 있
> 는 장점 중 가장 뛰어난 것은 그런 것들이 아니라 역경에 굴하지 않
> 는 자세였다.

최고의 CEO라 불리는 잭 웰치는 그래서 실패와 역경에 굴하지
않는 자세를 리더를 고르는 주요한 기준으로 삼았다. 실패해도 바운
스 백 하는 리더가 차이를 만들기 때문이다.

하늘이 큰 임무를
맡기려 하기 전에

결혼식 참석차 한 지방 도시를 주말에 찾았다. 뻥 뚫린 경부고속도로 버스전용차선을 통과해 제시간에 도착할 수 있었다. 버스터미널에서 나와 택시를 타려고 두리번거리는데, 아내가 박장대소를 했다. 한 상가 건물 유리창에 크게 적힌 광고 문구 때문이었다. 몇 년이 지난 지금도 그때 생각을 하면 웃음이 나온다. "어머님 날 낳으시고, 원장님 날 만드셨네."

이런 우스갯소리를 하는 이유는 등소평鄧小平 이야기를 하기 위해서다. 오늘날 중국 사람이라면 이런 말을 할 수 있지 않을까. "모택동 동지 내 나라를 만드시고, 등소평 동지 날 먹여 살리셨네."

등소평, 그의 외모는 이름처럼 평범했다. 풍채 역시 보잘것없어서 당당한 모택동이나 준수한 주은래의 모습에 비교가 되지 않았다. 하지만 그의 업적은 비범했고 경제 개혁과 대외 개방으로 중국을 완전히 바꾸어 놓았다. 물론 그의 인생은 고난으로 점철되었으나 그럴 때마다 쓰러지면 일어서는 바운스 백을 반복했다. 그의 인생 전체가 바운스 백의 모범 사례라고 해도 지나치지 않다.[11]

그의 일생은 중국의 현대사와 다름없다. 대장정, 항일 전쟁, 국공 내전, 국가 수립, 대약진운동, 문화대혁명 등을 온몸으로 겪었다. 가족의 비극도 그를 힘겹게 했다. 아버지는 일찍 암살당했고 첫 아내는 출산 중 숨졌다. 어렵게 태어난 딸아이도 며칠 뒤 사망했다. 아들은 문화대혁명 와중에 반신불수가 되었다.

모든 것이 부족했던 지도자

등소평에게 고난과 시련은 어릴 적부터 익숙한 것이었다. 학교 성적도 그저 그랬다. 특별한 인상을 남길 만큼의 존재감도 없었다. 프랑스 유학을 가기 전에 다닌 예비학교에서도 두각을 나타내지 못했고 프랑스어 성적도 매우 나빴다. 18개월의 유학이 끝난 후에도 그는 '일어서'나 '앉아' 따위의 간단한 프랑스어 외에는 전혀 하지 못했다.

낭만적인 유학 생활과는 거리가 멀었다. 일과 공부를 함께 해야 하는 쉽지 않은 환경이었다. 그의 나이 열여섯, 어렵게 도착한 프랑스의 현실은 비참했다. 1920년에 유럽을 휩쓴 불황으로 이역만리 중국에서 온 학생들에게 돌아갈 일자리는 거의 없었다. 할 수 있는 것이라고는 막노동, 구두닦이, 쓰레기 치우기, 말이나 노새 똥 치우기와 같은 허드렛일뿐이었다. 그러나 그런 일도 극소수에게만 돌아갔고, 중국 학생들 대다수는 거리를 서성거리는 일밖에는 할 게 없었다. 폭력과 질병도 횡행했다. 당시 한 통계에 따르면 학생들의 20퍼센트 가량이 죽거나 심한 병에 걸렸다고 한다. 이러한 경험을 통해 등소평은 이후의 삶에서도 어려운 순간들을 담담히 이겨내고 겸손하게 받아들일 줄 알게 되었다.

1966년, 예순한 살의 등소평은 실각이라는 고난에 직면한다. 문화대혁명 당시 시골로 쫓겨나 식구들과 함께 오지에서 무려 6년 동안 기계공으로 일했다. 1976년에 또다시 실각한다. 모택동의 사망 즈음하여 모든 직책을 박탈당하고 지방으로 유배에 처해진다. 이때 모택동의 후계자로 권력을 잡은 이는 화국봉이었다. 하지만 그는 등소평만큼의 정치적 역량과 능력을 갖추지 못했다. 냉혹한 권력의 세계에서 이를 놓칠 리 없었다. 결국 화국봉의 시대는 단 2년 만에 막을 내린다. 화국봉의 결정적인 문제는 우연한 기회에 중앙 지도자로 벼락출세한 인물이었다는 것이다. 등소평과는 달리 화국봉은 쉽게 얻고 쉽게 잃었다. 빨리 올라간 만큼 빨리 떨어진 것이다.

1980년 등소평은 일흔여섯 살에 중국의 일인자가 된다. 1984년 등소평의 권력은 절정을 달리고 있었다. 이때 실시된 경제 개혁에 앞서 1984년 10월의 한 심포지엄에서 그는 다음과 같은 겸손한 고백을 한다.

> 경제학 분야에 있어 나는 문외한이다. 가끔씩 이 분야에 관해 언급하긴 하지만 모두 정치적 관점에서 하는 말이었다. 나는 중국 경제의 대외 개방 정책을 제안했지만 그 정책을 시행할 세부 사항에 관해서는 거의 모른다.

실제로 등소평은 여러 면에서 부족했다. 1930년대와 1940년대에 수많은 전투를 치렀지만 군사 문제를 잘 알지 못했다. 1960년대 소련 측과 마르크스-레닌주의를 두고 유창하게 논쟁했지만 실제로 잘 아는 편이 아니었다. 경제 문제나 국제 문제에서도 전문가가 아니었다. 하지만 유엔과 여러 외빈들 앞에서 항상 자신만만하게 연설했다.

여러 면에서 부족한 등소평이 어떻게 그 자리에 올라 중국의 역사를 바꾸었을까? 그 핵심은 무엇일까?

근심은 사람을 살리고, 쾌락은 사람을 죽인다

등소평이 인생에 모토로 삼고 늘 외우고 다닌 글이 있다. 이 글은 바운스 백의 중요성을 정확하게 담고 있다. 그는 리더의 성장에서 바운스 백이 그 핵심 역할을 한다는 것을 이미 꿰뚫고 있었던 것이다.

하늘이 장차 큰 임무를 어떤 사람에게 내리려 할 때에는
반드시 먼저 그의 마음을 괴롭게 하고
뼈마디가 꺾어지는 고난을 당하게 하며
그의 몸을 굶주리게 하고 그의 생활을 빈궁에 빠뜨리며
어떤 일을 행함에 그가 하는 바를 뜻대로 되지 않게 어지럽힌다.
이는 그의 마음을 두들겨서 참을성을 길러 주어
지금까지 할 수 없었던 일도 할 수 있게 하기 위함이니라.
사람은 언제나 잘못을 저지른 후에야 고칠 수 있다.
마음으로 번민을 느끼고 이리저리 생각을 해보고서야 분발하며
낯빛으로 분명하게 나타나고 음성으로 나온 후에야 깨닫게 된다.
안으로 군주를 분발시킬 법도 있는 가문과 보필하는 선비가 없고
밖으로 적국과 외환이 없는 나라는 항상 멸망한다.
이로써 근심과 걱정은 사람을 살아나게 하고
안일한 쾌락은 사람을 죽게 한다는 것을 알 수 있다.

《맹자》의 〈고자(告子) 하〉 편에 나오는 내용이다. 이 글에서 세 가지 핵심 메시지를 얻을 수 있다.

① 하늘은 큰일을 주기 전에, 먼저 뼈를 깎는 심신의 고통과 빈곤함을 준다. 단련시키기 위함이다.

② 잘못을 해봐야 고칠 수 있다. 실수하고 실패해야 개선할 줄 안다.

③ 근심과 걱정은 사람을 살리고 쾌락은 사람을 죽인다.

등소평은 이 구절을 외우고 다니면서 실각을 비롯한 말 못할 고난과 시련에서 오뚝이처럼 일어섰다. 바운스 백이 결국 그의 일생을 이끈 것이다.

1992년에 등소평이 선언한 중국의 일반 외교노선 중 훗날 '스물네자 방침'으로 불리게 되는 대목이 있다. 이 가운데 '도광양회'는 꽤 널리 알려져 있어 들어본 적이 있을 것이다. 이 스물네 자에 그의 90년 인생 지혜가 압축되어 있다. 이념의 흔적이라고는 없는, 옛 성현들의 경구처럼 느껴진다.

상황을 차분하게 관찰하고^{冷靜觀察}(냉정관찰)

우리 자신의 입지를 지켜^{站隱脚跟}(참은각근)

도전에 침착하게 대처하며^{沈着應付}(참착응부)

우리 힘을 아껴 보존하고^{韜光養晦}(도광양회)

완강한 방어에 두드러지며^{善於守拙}(선어수졸)

지도력을 뽐내 나서지 말라^{絕不當頭}(절불당두)

이 스물네 자 방침은 놀랍게도 바운스 백의 기초와 실행원칙의 핵심을 정확히 관통하고 있다. 등소평, 그는 오뚝이처럼 쓰러지고 일어서는 인생 경험을 통해 이처럼 확고한 바운스 백 철학을 정립하고 있었던 것이다.

로마가
천년 제국을
이룰 수 있었던 비결

'세계의 밥상을 지배하는 기업'이라는 별칭을 갖고 있는 카길 Cargill 은 세계 최대의 곡물 기업이다. 150년이 넘는 역사를 지닌 카길의 페이지 회장에게 '철도 혁명·농업 혁명·세계화 혁명·정보화 혁명 같은 대변혁 속에서도 어떻게 150년 동안 한결 같이 세계 최고 자리를 유지할 수 있었는지' 물었다. 회장의 답변은 명쾌했다. "가장 중요한 것은 회복력 resilience 입니다. 예기치 못한 사건 사고, 세계적인 변화가 있을 때마다 용기를 갖고 민첩하게 대응한 것입니다."[12]

로마 제국 이야기에 앞서 이 인터뷰를 소개하는 이유는 로마가 천년 제국으로 유지될 수 있었던 비결을 말하고 있어서다. 150년이 넘는 기업도, 천년 로마 제국도 그 생명력의 비결은 바운스 백 능력이었다.

그렇다면 로마는 어떻게 시련을 극복하고 바운스 백 할 수 있었을까? 시오노 나나미 역시 같은 의문을 가졌다. 그녀는 《로마인 이야기》 제1권 서문에서 다음과 같은 질문으로 대장정을 시작한다.

> 지성에서는 그리스인보다 못하고, 체력에서는 켈트인이나 게르만인보다 못하고, 기술력에서는 에투리아인보다 못하고, 경제력에서는 카르타고인보다 뒤떨어지는 것이 로마인이라고, 로마인들 스스로가 인정하고 있었는데, 왜 로마인들만이 그토록 오래 번영할 수 있었나요?

나나미는 그녀의 다른 저서 《또 하나의 로마인 이야기》에서 이에 대한 답을 아래와 같이 제시한다.

> 로마가 제국으로 성장하는 것을 보면 순조롭게 판도를 넓혀간 것처럼 보인다. 처음에는 작은 도시국가에 지나지 않았던 로마가 이탈리아 반도에서 세력을 뻗어나가고, 포에니 전쟁에서 승리하여 당시의 대국 카르타고를 끌어내리더니, 마침내 지중해를 '우리의 바다'라고 부를 정도에 이르게 된다. 이처럼 승승장구했으니, 행운의 여신이 로마를 쑥쑥 이끌어간 것처럼 보인다.
> 그러나 실제의 로마사는 결코 그렇지 않다. 오히려 정반대라고 할 수

있다. 로마인도 인간인 이상, 실패가 없지 않았다. 로마사를 깊이 들여다볼수록 그 역사는 실패와 좌절의 연속이었음을 알 수 있다. 하지만 그들은 동시대의 다른 민족과 달랐다. 그들은 스스로의 실패를 인정하는 순간 주저 없이 개혁을 단행하는 용기를 잃지 않았다.

인간은 누구나 자신의 실패를 인정하려 들지 않는다. 뿐만 아니라 그 실패에서 벗어나려는 어떤 노력도 기울이지 않고 상황을 정리하려 한다. 로마인이라고 그런 생각을 하지 않았을까? 그런데도 그들은 실패한 상황에서 노력을 멈추지 않았다.

로마가 천년 이상이나 계속된 것은 결코 운이 좋아서도 아니고 자질이 특별해서도 아니다. 다만 있는 그대로의 모습을 직시하고 그것을 개선하려는 기개가 있었기에 번영이 오래 지속될 수 있었다.

로마 역시 실패와 좌절을 많이 겪었지만 다른 민족과 달리 '실패를 인정하고 개선하여 바운스 백' 했다. 나나미는 로마의 실제 사례를 들어 설명을 이어간다.

사실 기원전 1세기 카이사르가 출현하기 이전까지의 로마사를 들여다보면 무수한 좌절과 고난의 역사가 새겨져 있다. 로마인은 처음부터 우수한 것이 아니었을 뿐더러 특별한 행운을 타고난 것도 아니었다.

예컨대 기원전 390년에 로마는 북방에서 쳐들어온 켈트 족의 습격을 받아 어이없이 점령을 당한다. 당시 상황에서 로마라는 도시국가의 멸망은 전혀 이상하지 않다. 역사에서 그렇게 멸망한 도시국가는 수 없이 많다.

그렇지만 로마는 이 수렁에서 일어섬으로써 진정한 로마를 이루어나 갔다. 켈트 족이 물러간 다음, 그들 로마인은 야만족 켈트의 침략을 허용한 원인이 어디에 있었는지를 고민하였다. 쉽지 않은 과정이었 으며, 20년이라는 세월이 걸렸다.

실패한다 할지라도 그것을 딛고 반드시 성공으로 나아가려 했던 정 신 작용에서 로마인의 강인함을 발견할 수 있다. 이때 로마인들은 패 배의 원인이 그들 내부에 있다는 것을 직시하고 단순한 반성만이 아 니라 개혁으로 나아갔다. 그리고 정치 형태를 바꾸었다. 이리하여 역 사상 널리 알려진 로마 특유의 정치체제, '공화정'이 시작되었다.

승리는 더 크고 새로운 난관을 불러온다

《로마 공화정》의 저자 필립 마티작 역시 이와 같은 맥락에서 로마 공화정 초기를 묘사했다. 로마 공화정이 탄생한 때는 안팎으로 위태 로운 시절이었다. 갓 태어난 로마 공화정은 밖으로는 거친 산악 부 족들의 위협으로, 안으로는 귀족과 평민 간의 치열한 계급 싸움으로 만신창이가 되었다. 어쨌든 로마는 혹독한 시련을 모두 견뎌냈고 결 국 강해졌다. 초기 로마 공화정이 얻은 교훈이 하나 있다면 그것은

'승리가 평화를 가져오는 것이 아니라 더 크고 새로운 난관을 부른 다는 사실'이었다.

나나미는 특히 '켈트 족의 침략'이라는 시련을 강조하면서, 그리 스인 역사가 폴리비오스의 말, "켈트 족에게 침략을 받은 것이야말 로 로마를 강대하게 만드는 첫 걸음이었다"를 인용한다.

> 켈트 족이 나타났다는 비보에 로마는 공황 상태에 빠졌다. 그래도 로 마의 지도자들은 힘겹게 군단을 편성해 대항했다. 하지만 결국 실패 했다. 로마 군은 무참하게 짓밟히고, 로마는 야만족이라고 무시해 온 켈트 족의 손아귀에 떨어져 버렸다. 대학살이 벌어졌다. 로마인이 맛 본 굴욕은 필설로 다 할 수 없는 지경이었다.
>
> 7개월에 이르는 항전 끝에 로마인은 화평을 맺는다. 화평이라고는 해 도 그것은 로마인들의 저항이 영웅적이었기 때문이 아니었다. 본래 숲 속에서만 살아온 켈트 족에게 도시 점령은 별 매력이 없었다는 것 이 가장 큰 이유였다.

이후 로마가 외부 침략을 받은 것이 무려 800여 년이 지난 서고 트 족이 침입(서기 410년)했을 때다. 그만큼 켈트 족의 침입은 엄청난 사건이었다. 오죽하면 로마의 국치일이라 불릴까. 하지만 결국 로마 는 굴욕적인 패배를 디딤돌 삼아 개혁을 이루어냈고 그 후 착실하게 번영의 길을 걷기 시작했다. 물론 시련과 도전이 여기서 끝난 것은 아니었다. 로마는 포에니 전쟁 등을 이겨내고 위기를 뛰어넘어 진정한 로마로 차근차근 성장해갔다.

여기에서 우리는 로마가 진정한 로마가 될 수 있었던 것은 로마인의 우수한 자질 때문이 아니라 시련과 도전에도 굴복하지 않고 바운스 백을 통해 혁신에 성공했음을 다시 한 번 알 수 있다. 나나미는 《로마인 이야기》 1권에서 이렇게 말했다.

로마는 밑바닥에 떨어졌지만, 로마인답게 확실히 밑바닥에서 기어 올라올 수 있었다.

이 과정을 수도 없이 거치면서 단련되었기에 결국 천년 제국으로 우뚝 설 수 있었다.

아놀드 토인비 역시 그의 역작 《역사의 연구》에서 켈트 족에 당한 로마의 굴욕을 같은 맥락에서 기술하고 있다. 토인비는 문명 발달을 인종론이나 환경론이 아닌 주어진 상황에 도전하고 반응하는, 도전과 응전 프레임으로 설명했다. 한 예로 켈트 족의 로마 점령을 들었다. 로마가 이 사건으로 체면과 국력을 모두 잃어버릴 줄 알았으나 급속히 피해를 딛고 일어나 오히려 더욱더 영토를 넓혀나갔다고 설명한다. 외부의 충격을 주요한 도전 중 하나로 여겼고 로마인은 훌륭하게 응전했다는 것이다.

한편 고대 역사와 그리스, 로마, 페르시아의 영웅들을 분석, 그 성공과 실패 사례를 21세기의 기업 세계와 연결하여 설명하는《권력자들》에서는 로마 민족의 특성을 한 문장으로 압축하고 있다.

> 로마인은 실수를 통해 배우고 장기적인 목표에 집중할 줄 아는 똑똑하고 끈기 있는 민족이었다.

시오노 나나미는《또 하나의 로마인 이야기》끝 부분에서 마키아벨리의 말을 인용한다.

> 천국에 가는 가장 유효한 방법은 지옥에 가는 길을 숙지하는 것이다.

이를 이 책의 방식으로 해석한다면 "성공하는 가장 확실한 방법은 실패를 숙지하는 것이다"라고 할 수 있다.

누구나 시련과 도전을 겪지만 수렁으로 빠지지 않고 바운스 백 하는 자만이 살아남는다. 이것이 로마가 천년 제국으로 이어올 수 있었던 비결이다. 인생과 기업 경영에서도 마찬가지일 것이다.

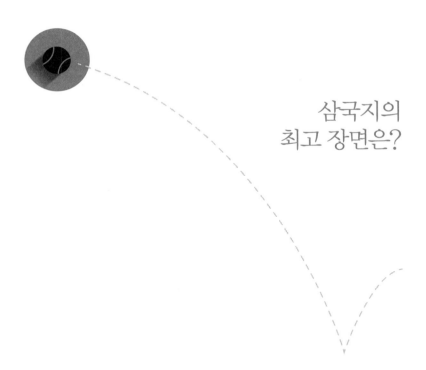

삼국지의
최고 장면은?

'삼국지에는 모든 것이 들어 있다'라는 말이 있다. 그렇다. 삼국지에는 바닥을 치고 바운스 백 하는 장면, 반대로 큰 승리 후 기고만장하다 추락하는 많은 장면이 생생하게 담겨 있다. 개인의 명멸, 전투의 승패, 나라와 왕조의 흥망도 이어진다. 바운스 백 렌즈로 삼국지를 들여다보면 바닥을 치고 회복되는 '업' 과정과 또 다른 도전에서 다시 쓰러지는 '다운' 과정이 함께 보인다.

여기서는 삼국지를 통해 '왜 누구는 성공하고 누구는 실패하는가'라는 방정식을 풀어 보려고 한다. 말한 것처럼 삼국지에 등장하는 수많은 '업'과 '다운'을 크게 성공과 실패로 나누어 풀어볼 예정이다. 단순한 성공과 실패만이 아니라 '성공의 계기가 된 실패'와 '실패를 부른 성공'으로 인수분해할 것이다. 이러한 시각은 성공과 실패를 별개의 개별적인 이벤트가 아니라 상호작용에 영향을 미치는 큰 흐름으로 이해하도록 돕는다.

조조는 적벽대전에서의 실패를 어떻게 극복했는가

먼저 성공의 계기가 된 실패를 살펴보자. 삼국지의 최고 장면을 꼽으라면 필자는 주저 없이 적벽대전이 끝난 직후의 아래 장면을 꼽을 것이다. 이 장면을 기점으로 위·촉·오 삼국이 말 그대로 솥발처럼 정립하는 형국이 시작되기 때문이다. 이 대목은 삼국지 전체의 터닝 포인트라 해도 과언이 아니다.

배경은 적벽대전이 끝난 직후다. 이때 이야기의 주인공은 조조다. 잘 아는 바와 같이 적벽대전은 조조군 100만 대군이 오나라와 촉나라의 연합군에 패한 전투다. 연합군이라고는 하나 대부분은 주유가 이끄는 오나라 군사들이었다. 따라서 이 전투는 오나라 군대에 대패한 조조군의 이야기다.

적벽대전에서는 흔히 말하는 이간계, 반간계, 연환계 등 다양한 작전이 펼쳐지고, 제갈공명의 동남풍과 화살을 구해온 이야기, 절세 미인인 소교, 대교 자매 이야기 등이 복잡하게 전개된다. 그러나 리더 역할의 중요성이라는 관점에서 바라볼 때 적벽대전은 이미 게임이 끝난 것이나 다름없었다. 왜일까?

앞에서 말한 것처럼 적벽대전의 주연은 바로 오나라의 총사령관 주유였다. 주유가 적벽대전에서 가장 먼저 한 일은 대치 중인 조조가 보낸 세객 장간을 역이용하여 조조군의 장수 두 명, 채모와 장윤을 반간계로 몰아넣어 죽게 만든 일이었다.

이것이 바로 승패를 가른 묘수였다. 조조 군은 북방과 중원 출신이 대다수였기 때문에 수전에 경험이 없었다. 하지만 이때 죽은 채모와 장윤은 조조군에서는 거의 유일하게 수전에 밝은 장군이었다. 이 두 장수에게 의존할 수밖에 없었는데, 둘 다 제거되었으니 결국 경험 있는 리더가 한꺼번에 사라진 것이다.

리더 없는 조직은 이미 죽은 것이나 다름없었고 적벽대전이 개시되기도 전에 100만 대군은 허수아비로 전락했다. 경험 많은 선장 없이, 그것도 전쟁터에서 험한 물을 건널 수는 없었다.

조조는 대패하고 목숨만 겨우 부지한 채로 도망쳤다. 그 많던 군사들을 거의 잃고 구사일생으로 빠져나왔다 싶었는데, 이번에는 공명이 쳐놓은 함정에 걸린다. 조조는 옛정을 생각해 그를 풀어준 관우 덕에 겨우 목숨을 부지한다. 최고의 장면은 바로 여기서부터 시작된다.

조조군 진영의 패잔병들이 울부짖는다. 고통을 못 견뎌서가 아니라 자신들의 신세가 비참하고 분통이 터졌기 때문이다. 천하 맹장

허저조차 3천의 수하 군사를 모두 잃고 목놓아 구슬피 운다. 사기가 그야말로 바닥에 떨어졌다. 조조는 어떻게 이 상황을 이겨낼까?

식음을 전폐하던 조조가 드디어 일어난다. 그리고 부하들에게 다가간다. 허저에게 다가가 위로하며 일어나 북을 치라고 한다. 북을 치자 신음하며 쓰러져 있던 패잔병들이 모두 모인다. 조조의 연설이 시작된다. 이때 조조의 연설이 일품이다. 그는 절망에 빠진 군사들을 이렇게 격려한다.

> 백전백승하는 장수는 없다. 몇 번 져보지도 않고 어떻게 이기는 법을 알겠는가? 패배해도 굴복하지 않는 자가 결국 승리하는 법이다.

그리고 말한다. "패배는 할지언정 굴복하지 않는다"라고. 조조는 위로에 그치지 않고 한 발짝 더 나아간다. 이번에는 담담하게 돌아보며 패인을 솔직히 고백한다.

> 80만 대군을 이끌고 내려와 5, 6만의 연합군에게 대패했다. 왜일까? 곰곰이 생각해보니 근본적인 이유는 최근 몇 년간 너무 많이 이겼기 때문이다. 그래서 자만에 빠져 적을 너무 얕본 것이다. 특히 내가 더 그러했다. 그래서 동오의 고육책을 읽지 못해 화공으로 졌던 것이다. 그러고보면 패할 때였던 것이다.[13]

이처럼 실패한 이유를 부하들 앞에서 스스로 털어놓는다는 것이 리더로서 쉬운 일은 아니었을 것이다. 조조는 이 자리에서 위대한 리더로 다시 태어난다.

《삼국지 강의》를 쓴 이중텐 역시 '백전노장이자 빈틈이 없고 치밀한 계산을 하는 조조가 왜 이런 큰 실수를 적벽대전에서 했을까?'라는 질문에 《조조 평전》을 근거로 그 원인은 바로 '조조의 교만과 적에 대한 무시'에 있었다고 하였다. 그리고 이것이 역사학자들의 공통된 인식이라고 말한 바 있다. 삼국지의 실패 사례를 집중 분석한 위세빈의 《삼국지 실패를 말하다》에서도 조조의 적벽대전 패배 이유를 이와 동일하게 설명한다. 의심 많던 조조가 적벽대전에서는 이상하리만큼 동오가 내놓은 계책들을 쉽게 믿었는데 이는 조조가 앞선 여러 전투를 이김으로써 교만이 극에 달했기 때문이라는 설명이다. 조조는 연설에서 이것을 고백한 것이다. 계속 조조의 말을 따라가 보자.

> 실패는 좋은 것이다. 실패는 어떻게 성공하는가를, 실패는 어떻게 승리하는가를, 실패는 어떻게 천하를 차지하느냐를 가르쳐준다. 사람이 성공하려면 잡을 때도 놓을 때도 있듯이 전쟁에서 승리하려면 질 때도 이길 때도 있어야 한다. 우리는 적벽에서 대패했지만 우리의 근간은 결코 흔들리지 않는다.[14]

이로써 조조는 재탄생했다. 동오의 두 핵심 리더, 노숙과 주유의 대화 장면에서도 그의 변화를 알 수 있다. 노숙이 조조에 대해 이렇게 말한다. "조조는 줄곧 패도를 추구했으나 적벽에서 대패한 후 허도로 돌아가 와신상담했다. 그리고 군사를 일으키지 않고 민심을 얻으려고 노력하고 있다. 왜 그렇게 변했는지 아는가?" "한 번 패배를 크게 겪고 나서 깨달음을 얻은 것이다. 인의가 한 수 위라는 것을 말이야."

깨달음을 얻은 조조는 이후 서량까지 점령하여 중원뿐만 아니라 서역 쪽으로도 세력을 넓힌다. 서량을 점령한 후 조조는 아래와 같은 세 가지 결정을 내린다. 이는 조조가 변했다는 것을 보여주는 좋은 예이다.

① 백성을 살려라. 세금을 면제하고 군량미를 풀어라.
② 땅을 개간하고 곡식을 생산하라.
③ 전쟁을 쉬어라.

점령한 땅의 민심을 얻고 미래를 대비하는 뛰어난 통치술이 아닐 수 없다. 멀리 떨어진 서쪽까지 직접 다스리는 데 한계가 있어 마지못해 결정한 전술이라고 치부할 수도 있다. 하지만 위의 세 가지 결정을 자세히 들여다보면 전술적인 내용이 아니라 그보다 훨씬 큰 의미가 깃들어 있음을 알 수 있다. 우선 백성을 보살피는 마음이 담겨 있다. 민심을 살피고 백성의 경제를 회복시키고자 했다. 또한 전쟁의 진퇴를 가려 전쟁을 잠시 멈추고자 했다. 이 결정은 조조가 전쟁의 승패에만 집착하는 단순한 장수가 아닌 나라를 경영하는 통치자에 버금가는 리더십을 발휘했음을 보여준다. 조조의 리더십은 이렇게 전쟁을 수행하는 장수에서 나라를 다스리는 통치자로 한 단계 업그레이드 되었다.

이것이 앞에서 말한 리더십의 변화다. 결정적인 계기는 다름 아닌 '적벽대전에서의 대패'였다. 실패가 리더십을 변화시켰고 결국 조조는 수렁에서 쓰러지지 않고 바닥 다지기와 바운스 백을 통해 완전히 새롭게 거듭났다.

오만과 자만의 리더십은 실패를 부른다

다음으로 실패의 계기가 된 성공도 살펴보자. 삼국지에는 대승을 거둔 뒤 바로 패배하는 예가 수없이 등장한다. 그도 그럴 것이, 승리와 패배는 반복되는 것이며 삼국지의 경우처럼 100여 년 동안의 긴 기간으로 보면 늘 이기는 자도 항상 지는 자도 없기 때문이다. 관도대전에서 원소를 이겨 대승하고 중원을 차지했던 조조는 그 후 적벽대전에서 대패했다. 앞에서 본 것처럼 훗날 조조는 자만이 문제였다고 스스로 고백한다. 적벽대전에서 이긴 자들의 오만은 죽음을 불렀다.

적벽대전 승리의 주역인 주유는 훗날 조인 군사의 매복에 걸려 남군 성에서 대패하고 화살에 맞는다. 이때의 상처로 결국 주유는 시름시름 앓다 죽는다.

도원결의로 한날한시에 같이 죽자고 약속한 삼형제인 유비, 관우, 장비는 결국 모두 다른 날 죽는다. 그러나 죽음에 이르게 한 근본적인 이유는 한 가지였다. 관우는 오만한 말실수로 동오의 원한을 사게 되고 결국 죽게 된다. 장비 역시 오만한 말실수와 행동, 난폭한 리더십으로 인해 이를 견디다 못한 부하의 배반으로 목이 베인다. 유비는 익주에 이어 한중까지 차지하고 한중왕에 올랐으며 그 후의 전투에서도 연이어 승리했다. 이에 자만했고 또한 관우의 죽음으로 복수심에 눈이 먼 상태였는데, 결국 이릉대전에서 동오의 육손에게 대패하고 이후 사망한다.

삼국지의 최고 장면은 처참한 실패를 딛고 일어서는 바운스 백 순간이었다. 조조는 이를 통해 리더의 회복과 성장을 명확하게 보여주었다. 이뿐 아니다. 삼국지에 나오는 성공과 실패를 단순히 대립적으로 보지 않고 바운스 백 렌즈를 통해 봄으로써 리더는 실패로부터의 대담함을, 성공으로부터의 겸손함을 겸비해야 한다는 통찰력을 얻을 수 있다. 이것은 바운스 백에 필요한 기초 중의 하나다.

MIT와 하버드 대학에서도
강조하는 이것

MIT 비즈니스 스쿨에는 아주 특별한 과목이 있다. 통상의 MBA 과목인 마케팅, 전략, 재무, 리더십과는 전혀 다른 과목이다. 비즈니스 스쿨뿐만 아니라 다른 대학원에서도 찾아볼 수 없는 그 과목의 이름은 바로 '역경이 있을 때 관리하기^{Managing in Adversity}'다. 이 수업의 내용을 한 문장으로 요약하면 '큰 역경에 빠졌던 실제 회사 사례를 다루면서 관련 CEO들이 직접 와서 학생들과 같이 토론'하는 과목이다.

말하자면 학생들이 리더가 되어 역경에 봉착했을 때 어떻게 극복할지를 미리 대비시키는 과목이다. 핵심 메시지는 간결하다. 비즈니스 세계에는 늘 시련과 역경이 있고 시련과 역경을 풀어나갈 방법

역시 있다는 것이다.

"기업을 운영하면서 한두 번 망하지 않은 사람은 진정한 기업인이 아니다."

"역경 없는 성공 없다."

첫 수업에서 담당 교수가 던진 오프닝 메시지다. 강의는 두 강사가 하며 이들은 사업체를 운영하거나 현재 사업체를 소유한 비즈니스맨이다. 미 동부의 보스턴 쪽에서 벤처를 만들어본 경험도 있고 벤처캐피탈을 운영하면서 벤처들을 키운 경험 많은 베테랑이기도 하다. 물론 MIT나 하버드에서 MBA를 마쳤기 때문에 비즈니스 스쿨이 무엇을 원하는지도 잘 알고 있다.

이들은 매주 하나의 실제 사례를 다룬다. 또한 한결같이 '시련과 역경'의 사례를 다룬다. 대형 화재, 해킹에 따른 대규모 소송, 부도 직전이거나 이미 부도난 경우, 막대한 투자비를 날린 경우, 제휴 번복으로 주식이 폭락한 케이스 등 회사의 존립이 흔들린 큰 규모의 역경을 다룬다. 교재를 대신해 시련을 실제로 겪은 CEO가 직접 강의실에 등장해 당시의 일을 들려준다는 것 또한 통상의 케이스 스터디와는 분명 다르다.

한 학기 동안의 수업이 전하는 메시지는 다음과 같다

　① 역경은 리더의 베스트 프렌드. 유사한 말로 부도는 베스트 프렌드
　② 역경을 극복하는 것이 리더의 임무이므로 이에 실패한다면 리더

스스로 문제를 가진 것이다.

③ 역경에 닥쳤을 때 가장 먼저 할 일은 현실을 직시하는 것이다.

④ 역경이 올 때 리더의 역할은 리딩, 즉 이끄는 것이다.

⑤ 비가 올 때는 쏟아 붓는다. 즉, 역경은 한꺼번에 몰려온다.

⑥ '오만=죽음'이다.

잘나가는 리더들도 누구나 한 번쯤은 추락하는 경험을 한다. 때로는 산산조각 나면서 때로는 밑바닥에서 헤매이면서.

하버드 대학은 왜 실패를 가르치는가

하버드 대학 케네디 스쿨HKS은 특히 리더십으로 유명하다. 이 공공 정책 대학원은 대공황이 휩쓸고 간 직후인 1930년대 중반, 뉴딜 등 공공 정책의 체계적 개발과 리더 양성을 위해 설립되었다.

하버드 대학 케네디 스쿨에서 가장 유명한 리더십 강의는 데이비드 거겐David Gergen 교수의 수업이다. 거겐 교수는 30여 년에 걸쳐 닉슨, 카터, 레이건, 부시, 클린턴에 이르는 미국 대통령 다섯 명의 고문과 카운셀러로 활약했다. 공화당과 민주당 양 진영 모두에 카운셀링을 제공하기도 했다. 권력의 핵심에서 함께 고민하고 애썼던 경험을 토대로 이론 위주가 아닌 실제 사례와 경험을 중심으로 하버드 케네디 스쿨에서 리더십 강의를 하고 있었다.

강의 제목은 '리더 되기^{becoming a leader}'다. 리더가 되기 위해 내적으로 어떻게 단련되어야 하며 외적으로 어떠한 리더십을 발휘해야 하는지를 다룬다. 교수는 여러 분야 리더들, 특히 미국 대통령들의 실제 사례를 많이 언급하며 '리더가 조심해야 할 탈선 요인'에 대해서도 가르친다. 이는 바운스 백과 관련이 깊은데, 그중 두 가지를 소개하면 다음과 같다.

뛰어난 능력에도 불구하고 끝이 좋지 못한 대통령들을 두고 그 요인을 연구했더니 그 일등 요인은 바로 오만이었다. 특히 재선에 성공한 미국 대통령 중 자신의 업적을 과신하고 자만감에 빠져 탈선한 대통령이 많았다. 루스벨트 대통령이나 가까이는 클린턴 대통령이 그러하다. 교수는 이러한 사례를 통해 리더는 일이 잘 풀릴 때일수록, 리더십이 인정받을 때일수록 더욱 조심해야 한다는 메시지를 강조했다. 거겐 교수가 모든 수업을 통틀어 가장 강조한 내용도 바운스 백과 상통하다. 세 가지로 요약할 수 있지만 말하고자 하는 것은 한 가지다. 바로 '시련과 역경^{Adversity}의 중요성'이다. 그의 메시지를 직접 들어 보자.

먼저 시련과 역경을 준비하라! 여러분 모두 세상에서 어려움을 겪을 것이다. 자녀나 가족에게 힘든 일이 생기고, 인간적으로 배신당하기도 하고, 회사에서 해고당하기도 하며, 못처럼 두드려 맞을 때도 있을 것이다. 삶 자체가 역경일 것이다. 그래서 반드시 그런 현실을 직시하고 마음의 준비를 하라! 세상은 쉽지 않다.

시련을 배움의 기회로 여겨라! 시련을 패배로 보지 말고 배움의 기회로 삼아라. 그리고 반드시 회복할 수 있도록 튀어 올라라. 미국 대통령 가운데에서도 루스벨트 대통령은 아주 존경받는다. 수많은 시련과 역경을 겪으면서 성숙했기 때문이다. 여러분도 마찬가지리라 믿는다.

시련과 역경의 주인공은 바로 여러분이다. 다른 이가 아닌.

최고의 지성들이 모이는 세계 일류 대학에서 강조하는 메시지는 한결같다. 졸업식 축사나 MBA 강의, 리더십 강의에서도 이렇게 말한다. '인생에는 반드시 시련과 역경이 있고 언젠가 바닥을 내리치는 때가 올 것이다. 하지만 바운스 백으로 이겨낼 수 있다' 시대의 흐름을 앞서 꿰뚫어 보는 최고 대학에서 학생들에게 미리 경종을 알려주는 것이다. 누구나 실패를 경험할 수밖에 없는 오늘과 미래에 실패와 역경에 대처하는 메커니즘인 바운스 백은 더욱 중요해질 것이다.

"인생과 비즈니스는 성공과 실패가
무수히 반복되는 긴 여정이다.
이것은 현실이자 희망이며 동시에 경고다.
인간이 갖고 있는 평범한 현상 바운스 백의 기초로
장애물을 기회로 바꾸어라.

이것 없는 회복과 성장, 오래 못 간다

: 나와 조직을 살리는 바운스 백의 기초

IQ, EQ 말고
AQ

리더가 바운스 백 할 수 있도록 그 기초를 쌓는 첫 번째 작업은 역경을 지수로 나타낸 '역경지수 AQ'를 갖는 것이다. 시련과 역경의 극복을 체계적인 학문 수준으로 끌어올린 시도가 바로 역경지수다. 특히 심리학에서의 여러 실험과 연구들이 탄탄한 바탕이 되었다.

새로운 분야를 잘 이해하려면 그 분야의 핵심을 '정의'하고 그 분야를 '측정'하는 두 가지 일이 필요하다. 바운스 백에 대한 기초를 놓으려는 우리도 마찬가지다. 그에 따라 우리는 이 장에서 역경지수는 사람마다 어떻게 다른지, 조직에서는 어떻게 다른지, 역경지수가 높은 사람들은 어떤 특성이 있는지, 역경지수는 측정될 수 있는지 등을 알아보고자 한다.

평범한 마법, AQ

우리가 가장 먼저 알고자 하는 것은 '누가 바운스 백 할 수 있는가?' 라는 점이다. 특수한 능력이 있는 사람들만이 할 수 있는가. 아니면 누구나 할 수 있는가. 심리학자들 역시 같은 의문을 품었고 아래와 같은 다양한 연구 결과를 내놓았다.

1945년, 잉글랜드의 한 고아원. 제2차 세계대전이 끝난 후 홀로코스트에서 살아남은 스물네 명의 어린아이들이 이곳에 오게 되었다. 세 살에서 여덟 살까지의 아이들은 온갖 트라우마를 안고 있었다. 수용소에서 단체로 교수형이 이루어지는 장면을 숱하게 목격했고 상당수는 잿더미가 된 사람들의 유골을 이리저리 나르는 강제노역도 했다. 그중 아우슈비츠 출신은 매일같이 시체 냄새와 화장장 연기를 들이마셔야 했다.

미국의 심리학자 사라 모스코비츠는 당시 가장 어렸던 네 명을 30여 년 뒤 만나 몇 년간 인터뷰를 진행했다. 지난 30여 년 동안 어떤 삶을 살았고 어떠한 심리적 변화를 겪었는지 심층적으로 조사했다. 네 명 중 두 명은 불안과 수치심, 과거에 대한 슬픔에 사로잡혀 힘겨운 세월을 보내고 있는 반면 다른 두 명은 명랑하고 활력이 넘

치고 자신감이 가득한 삶을 살고 있었다.[15]

똑같이 충격적인 환경에 처했는데 왜 각기 다른 삶을 살고 있을까? 심리적 회복력에 대한 많은 연구가 뒤따랐다. 심리학자 노먼 가메지의 또 다른 연구 결과는 고무적이었다. 가메지에 따르면 정신분열증 환자 자녀 중 90퍼센트가 친구들과 우호적인 관계에서 학업을 성취하고 목적의식이 있는 삶을 살아가고 있었으며 모든 면에서 정상적인 생활을 했다. 그의 제자 앤 매스턴은 더욱 흥미로운 점을 밝혀냈다.

> 회복력 연구를 통해 발견한 놀라운 사실은 회복력이 매우 평범하다는 것이다. 대부분의 경우 회복력은 인간이 갖고 있는 기본적인 적응 시스템의 작동 결과로 나타나는 평범한 현상으로 보인다.

즉, 누구나 가지고 있는 기본적인 적응 시스템을 적절히 활용하면 어떤 역경이 닥치더라도 누구든지 바운스 백 할 수 있다는 것이다. 매스턴은 이러한 연구 결과를 바탕으로 자신의 논문에 〈평범한 마법 Ordinary Magic〉이라는 제목을 붙였다.

누구든지 바운스 백 할 수 있다면 다음으로 생각해 볼 수 있는 것은 바운스 백의 패턴과 통계를 구하는 일이다. 임상 심리학자 조지 보나노는 9·11 테러, 자연 재해, 사스 등으로 자녀나 배우자의 사망을 경험한 사람들을 연구했다. 사망과 트라우마를 주제로 여러 차례 탐구한 결과 동일한 패턴을 발견했다. 사건 자체가 아무리 충격적이더라도 외상 후 스트레스가 발생하는 빈도는 3분의 1을 넘지 않았다.

이처럼 시련과 역경을 당할 때 사람별로 대응이 다른 데 착안해 등장한 개념이 역경지수 AQ^Adversity Quotient다. 시련과 역경을 이겨낼 수 있는 힘의 정도를 지수로 표현한 것이다. 이 용어는 미국의 커뮤니케이션 전문가인 스톨츠^Paul G. Stoltz 박사가 1997년 그의 책 《역경지수 AQ》[16] 를 출간하면서부터 등장했다. 스톨츠 박사는 다음과 같은 질문에 답을 구하는 과정에서 AQ를 창안하게 되었다고 설명했다.

- 무엇이 성공을 가져오는가?
- 왜 어떤 사람은 시련에서도 성공을 거두고 어떤 이는 좌절하고 포기해 결국 실패하는가?
- 그 차이는 무엇 때문인가?

이 질문에 대한 답을 찾아가면서 그가 얻은 결론은 '얼마나 역경을 잘 이겨낼 수 있는가'가 성공을 결정한다는 것이다. 《역경지수 AQ》의 부제는 이를 정확히 보여 준다. '성공 달성에 가장 중요한 요인', '장애물을 기회로 바꾸어라.'

스톨츠 박사는 인생을 등산에 비유하면서 역경지수를 설명했다.

지구상 가장 높은 산 에베레스트 정상은 차고^車庫 크기의 작은 바위다.

많은 이들이 이곳에 도전하지만 일곱 명에 한 명꼴로 성공할 따름이다. 1996년 5월 10일 다섯 팀, 총 31명의 산악인들이 정상에 다다랐다. 그런데 갑자기 엄청난 눈폭풍이 몰아치며 기상이 악화되었다. 워싱턴 주 출신의 한손^{Hanson}이라는 산악인은 눈폭풍에 주저앉게 되는데 그에게 이것은 곧 사망을 의미했다.

그때 다른 산악인이 있었다. 그 역시 정상을 정복하고 똑같은 눈폭풍을 만났다. 웨더스^{Weathers}라는 자였다. 웨더스도 하산 길에 쓰러져 얼음에 겨우 기대 있었다. 설상가상으로 오른손 장갑마저 잃어버려 꽁꽁 얼어붙은 오른손은 마치 마네킹의 손처럼 되어버렸다. 아무런 희망이 없었고 삶을 포기할 순간이 다가왔다. 하지만 눈폭풍 속에서 한 가지를 뚜렷이 떠올렸다. 사랑하는 아내와 자녀들의 얼굴. 웨더스는 자신에게 주어진 시간이 불과 몇 시간에 불과하다는 것을 깨닫고 죽기 살기로 일어나 걷기로 결심했다. 그 몇 시간은 몇 백 년처럼 길게 느껴졌지만 멈추는 것은 곧 죽음임을 알았기에 쉬지 않고 걷고 또 걸었다.

어느 순간 불빛이 보였다. 다행히 그것은 자신의 등반팀 텐트였고 마침내 그는 목숨을 걸질 수 있었다. 유명한 에베레스트 등반 가이드인 스코트 피셔마저도 희생당할 정도로 엄청난 눈폭풍에서 살아난 것이다. 등반팀은 그가 이미 죽었으리라고 추정해 그의 아내에게 사망 메시지를 보낸 상태였다. 기쁨의 생존 메시지가 즉시 다시 전달되었음은 물론이다.

고난을 뚫고 위로 올라간다는 점에 착안한 스톨츠 박사는 사람들을 세 가지로 분류했다. 시련과 역경이 있을 때 대개 사람들은 세 가지 경우로 대응하는데 그 분류를 등산에 빗대어 만든 것이다.

- 포기하는 사람(Quitter): 아예 등반 자체를 시도하지 않는다.
- 그냥 머무는 사람(Camper): 산에는 가지만 캠프에 머물며 거기서 그친다.
- 도전하는 사람(Climber): 어떠한 환경에도 정상까지 올라가는 도전을 시도한다.

역경지수는 어떻게 조직에 적용하며 성과를 이끌 수 있는가

조직에서도 직원들을 대상으로 이 같은 분류를 적용할 수 있다. 한 연구에 따르면, 회사에서 새로운 변화를 시도할 때 직원들의 반응은 대개 세 가지 중 하나라고 말한다.[17]

우리 회사에서 새로운 변화를 꾀할 때마다 약 20퍼센트 정도의 직원들은 그 변화가 무엇이든 적극적으로 동참합니다. 그리고 대다수의 직원인 60퍼센트는 바닥에 앉아 그냥 기다리면서 상황만 파악하는 복지부동형입니다. 나머지 20퍼센트는 그 변화로 어떤 혜택이 주어지든 상관없이 무조건 반대합니다.

　재미있는 사실은 시련과 역경을 만났을 때 어떻게 대처하는지 세 가지 상황이 다음의 경우와 아주 비슷하다는 것이다. 물건이 바닥에 떨어지면 다음 세 가지 중 하나같이 된다. 유리처럼 깨지거나, 진흙처럼 바닥에 그냥 달라붙거나, 공처럼 위로 튀어 오른다. 그림으로 표현하면 아래와 같다.

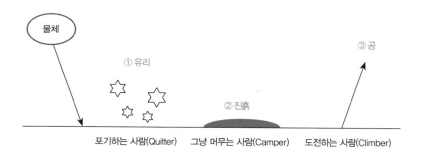

　역경지수를 접하고 조직에서 직원들이 어떠한 부류들로 나뉘는지를 살펴보면서 다음과 같은 질문을 할 수 있을 것이다.
　첫째, 리더의 경우는 어떨까? 리더에게는 역경지수가 더 중요하다. 리더는 자신뿐만 아니라 조직원까지도 역경을 이기도록 이끌어야 하기 때문이다. 난관을 잘 극복하고 장수하는 조직일수록 도전하는 사람형 리더가 많다.

둘째, 역경지수는 측정될 수 있을까? 개선될 수 있을까? 수천 명의 고객 데이터와 여러 가지 학문, 예컨대 심리신경면역학, 신경생리학, 인지심리학의 최신 성과는 '그렇다'고 답한다. 먼저 역경지수의 측정 방법부터 알아보자. 마치 IQ 측정을 하는 것처럼 역경지수 AQ 역시 표준화된 테스트를 통해 손쉽게 측정할 수 있다. 그 측정 결과를 집계하면 역경지수가 점수로 나타나며 이미 정립된 점수별 해석 방법까지 적용할 수 있다. 단지 해석만으로 끝나지 않는다. 어느 부분을 어떻게 향상할지, 그리고 얼마나 향상할지 목표설정까지 가능하기 때문에 개선의 기반도 마련할 수 있다.

다음으로 역경지수는 성공에 어떤 영향을 미칠까? '성공의 나무 (The tree of success)' 개념을 살펴보자.[18] 이 책 1부에서 언급된 겨울을 이겨낸 나무를 떠올리면 더욱 쉽게 이해할 수 있다. 성공에는 나무가 성장하는 것과 마찬가지로 여러 요소들이 필요하다. 하지만 여러 가지 성공 요소들을 갖추었더라도 시련과 역경을 이겨낼 역경지수가 낮다면 잠재력을 발휘하지 못하고 쉽게 쓰러질 수 있다. 반대로 역경지수가 높은 경우에는 계곡 바위 끝에서도 잘 자라는 소나무처럼 성장할 수 있다.

아래 그림은 어떠한 요인들이 성공에 영향을 미치는지를 보여준다. 여기서 나무의 무성한 잎은 업적과 성과를 나타내며, 줄기는 특성 및 재능 등을 뜻하며, 뿌리는 역경지수를 의미한다. 무성한 잎과 화려한 꽃을 피우려면, 즉 성공을 거두려면 줄기도 물론 중요하지만

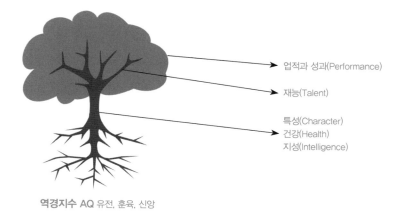

업적과 성과(Performance)

재능(Talent)

특성(Character)
건강(Health)
지성(Intelligence)

역경지수 AQ 유전, 훈육, 신앙

뿌리 없이는 생존자체가 불가능하다. 말 그대로 '뿌리=역경지수'다. 그렇다면 뿌리를 이루는 것은 무엇일까? 다음 세 가지 요인이 뿌리 형성에 큰 영향을 미친다. 유전적인 요인, 가정적인 요인(특히 가정에서 부모의 훈육), 마지막으로 신앙이 주는 믿음의 힘. 이러한 요인들이 잘 형성되었다면 결국 뿌리가 튼튼해져 뿌리 깊은 나무, 즉 역경지수가 뛰어난 리더가 될 수 있고 시련과 역경에도 궁극적으로 성공을 거둘 수 있다. 요컨대 역경지수는 성공의 뿌리다.

그런데 여기서 한 가지 유의할 점은 위의 세 가지 요인들이 역경지수에 '영향'을 미치는 것들이지 '결정'하는 것은 아니라는 것이다. 예를 들어 유전적인 요인과 가정적인 요인이 역경지수를 자동적으로 높게 결정해주지는 않는다. 또한 위의 모든 요인들을 갖추고 있다 하더라도 모든 시련을 이길 역경지수를 보장해주는 것은 더더욱 아니다. 오히려 나무뿌리 그 자체보다 그 뿌리가 내리는 '토양'이 더 중요할 때도 있다. 우리가 비료와 거름으로 토양을 비옥하게 개량할 수 있는 것처럼 역경지수 역시 훈련과 노력으로 개선할 수 있다. 이처럼 역경지수를 학습할 수도 개선할 수도 있다는 점은 무척 희망적이다. 이 책의 마지막 장에서 그 구체적인 실천방안을 설명할 것이다.

그렇다면 역경지수가 높은 사람은 어떻게 살아갈까? 그들은 아래처럼 여러 가지 면에서 뛰어남을 보여주었다.

- 경쟁력Competitiveness : 경쟁력은 희망과 회복탄력성을 제공하는데 이것이 도전과 역경을 다룰 수 있는 힘을 준다.
- 생산성Productivity : 연구에 따르면 직원들의 업무 성과는 그들의 역경지수와 아주 큰 상관관계를 보인다.
- 창조성Creativity : 새로운 것을 만들어내는 사람은 그 과정에서 역경을 두려워하지 않는다. 새로운 것을 만들 수 있다는 희망과 믿음은 역경을 이겨낼 수 있는 힘에 비례한다.
- 동기 부여Motivation : 역경지수가 높은 사람은 동기 부여가 잘 되어있다.
- 위험 감수Risk Taking : 역경지수가 높을수록 위험을 더 감수한다. 높은 곳으로 올라가는 것 자체가 위험 감수이지 않은가.
- 개선Improvement : 변화의 시대에는 개인이든 조직이든 끊임없는 개선으로 생존해 나가야 한다. 이 과정에서 역경지수가 높은 사람은 변

화와 개선을 주도한다.

- 지구력^{Persistence} : 지구력은 역경지수의 핵심이다. 시련과 도전에도 계속 앞으로 나아갈 수 있는 힘과 에너지다.

- 배움^{Learning} : 지식 기반 사회에서 지속적인 배움은 기본이다. 어린 아이의 배움에 대한 한 연구에 따르면 어려움에 봉착할 때 비관적인 반응을 보인 어린이들은 낙관적인 반응을 보인 어린이들보다 훨씬 덜 배운다고 한다.

- 변화 수용하기^{Embracing Change} : 모든 것은 계속 변한다. 등산을 생각해보라. 날씨도 돌변하고 등산 루트도 달라진다. 거기에 적응하여 난관을 극복하는 힘이 필요하다.

- 회복력^{Resilience} : 용수철처럼 튀어 오르는 힘이 있다. 앞에서 말한 '도전하는 사람'은 회복력이 탁월한 사람이다. 이런 사람들은 끊임없이 시련과 역경에 도전한다. 하지만 이들 역시 사람이기에 쓰러지고 넘어지기도 한다. 그러나 역경지수가 높은 이들은 오뚝이처럼 일어나 앞으로 또 전진한다.

바운스 백 기초, 그 첫 번째인 역경 지수를 갖는 것은 성공의 뿌리를 갖추는 일이다. 희망적인 것은 역경지수를 측정할 수도 개선할 수 있다는 것, 그렇기에 바운스 백은 누구나 발휘할 수 있는 평범한 마법이라는 점이다.

　더욱이 리더들은 자신뿐만 아니라 조직원들도 이끌어야 하기에 역경지수가 더욱 높아야 한다. 역경지수가 높은 사람들은 위험을 감수하며 도전하기에 뛰어난 혁신과 창조성을 보여준다. 바닥에 부딪쳐도 탄력 있게 회복하며, 자신뿐만 아니라 다른 이들의 바운스 백까지 도와줄 수 있다.

바닥은
혁신과 창의성을
낳는다

성공은 실패한 이후 제대로 된 대응이 관건이다. 이 대응 과정을 한 마디로 말하면 바닥 다지기다. 바운스 백의 중요한 기초 중의 하나다. 날개가 있지 않는 한 추락하다가 갑자기 다시 위로 날아갈 수 없다. 떨어지던 공이 다시 위로 튀려면 먼저 바닥을 내리쳐야 한다. 인생과 비즈니스도 마찬가지다. 실패하고 추락한다면 다시 올라가기 위해서 우선 바닥을 쳐야 한다.

바닥 다지기야말로 바운스 백의 성공을 좌우하는 기반이자 갈림길, 더 나아가 새로운 것을 창조할 수 있는 단련의 시공간이다.

바닥은 혁신과 창의성이 태어나는 시공간이다

바닥 다지기가 없어 크게 망한 한 영화사의 사례를 우선 살펴보자. 이 사례는 '바닥 다지기 없는 성공'을 조심하라는 강력한 경고를 준다.

영화는 완전한 의미에서 대박이었다. 음악이면 음악, 배우면 배우, 흥행이면 흥행, 안 되는 것이 없었다. 저예산으로 초대박이 났다. 500만 달러의 저예산을 투입하여 전 세계적으로 2억 1,400만 달러를 벌어들였다. OST는 빌보드 차트에 무려 18주 동안 1위를 차지했고 아카데미 주제가상도 탔다. 골든글러브 시상식에서 남우주연상과 여우주연상을 모두 휩쓸었다. 출시한 비디오는 사상 최초로 100만 카피를 돌파했다.

이 영화의 제목은 바로 〈더티 댄싱〉(1987)이다. 이 행운을 잡은 곳은 신생 영화사인 베스트론 영화사Vestron Picture였다. 2주간의 리허설 후 불과 44일 만에 찍은, 그것도 예산이 없어 패트릭 스웨이지 같은 완전 무명의 배우를 출연시킨 영화가 기적을 이룬 것이다. 무명 배우 패트릭 스웨이지는 이 영화로 벼락출세하고 훗날 〈사랑과 영혼〉으로 세계적인 스타가 되었다.

〈더티 댄싱〉은 베스트론의 '첫 영화'였다. 운 좋게도 첫 작품부터 슈퍼 대박이 났다. 베스트론은 또 다른 히트작을 기대하면서 무려 80여 편의 영화를 계속 쏟아냈지만 결과는 참담했다. 모두 실패한 것이다. 최초의 작품인 〈더티 댄싱〉이 유일한 흥행작이었다. 회사는 그 후 정해진 수순을 밟았다. 연이은 실패로 파산에 이르렀다.

왜였을까? 여러 이유가 있겠지만 바운스 백 렌즈로 보면 실패한 이후의 바닥 다지기가 없었던 탓이다. 실패가 많다고 자동적으로 바운스 백 되지 않는다. 왜 실패했는지에 대한 치열한 반성, 강력한 극복 의지와 새로운 창조 과정을 제대로 거쳐야 한다. 하지만 이 영화사는 바닥을 다지는 노력 대신에 대박의 꿈만 꿨다.

이와는 정반대로, 실패한 '이후' 처절히 실패의 원인을 성찰하고 주위의 도움을 받아 바닥을 다져 성공을 이룬 예가 있다. 이번에는 골프 이야기다.

2011년 6월 미국의 메이저대회인 US오픈에서 사상 최저타 기록인 16언더파로 우승한 이는 스물두 살의 로리 맥길로이^{Rory McIlroy}였다. 3라운드까지 8타차 선두를 지켰던 맥길로이는 주변의 우려를 말끔히 씻고 마지막 라운드까지 잘 마무리해서 결국 우승을 차지했다.

하지만 두 달 전인 그해 4월, 또 다른 메이저대회인 마스터스 대회에서 맥길로이는 참패했다. 최종 라운드에서 4타차 선두로 경기를 시작했으나 8오버파를 치면서 무너졌다. 부담감 때문이었다. 두 달 전 통한의 역전패를 당한 그가 어떻게 US오픈에서는 무난히 우승할 수 있었을까?

맥길로이는 US오픈 마지막 라운드에서 얼음처럼 냉정하게 경기를 펼쳤다. 무엇이 그를 변화시켰을까. 그가 치열하게 반성하며 연습을 통해 바닥을 다져나갈 수 있었던 것은 한 사람과의 만남 덕분이었다. 그 사람은 바로 메이저대회 최다승(18승) 보유자인 잭 니클라우스였다. 흥미롭게도 그는 메이저대회에서 가장 많은 2위를 기록(19회)한 사람이기도 했다. 니클라우스는 맥길로이에게 이렇게 조언했다.

> 실수를 두려워하지 마라. 모두 실수를 한다. 실수하는 것이 더 좋을 수도 있다. 실수 없이 성공한다면 갑자기 실수를 했을 때 왜 실수했는지 알 수 없다.

바닥 다지기는 개선과 혁신의 원동력이다

최근 경영계에서도 '시도와 실패'를 통한 바닥 다지기가 많이 논의된다. 물론 과거에도 실패를 통한 성공학을 많이 이야기했었다. 그러나 초점이 달랐다. 성공이 주연이라면 실패는 조연, 성공이 메인이면 실패는 보조였다. 그러나 세상이 달라졌다. 이제는 실패도 성공만큼이나 비중 있게 취급된다. 그것을 통한 바닥 다지기의 중요성을 깨달았기 때문이다.

그래서일까. 실패를 집중 연구하는 실패학이 주목받고 있다. 경영대학원에서도 실패와 역경을 하나의 필수 코스로 MBA 과정에 포함시키는 곳이 늘고 있다. 이뿐만이 아니다. 실패 경험만을 모아 회의

하는 실패 컨퍼런스, 'Failcon'까지 생겨났다. 2009년 샌프란시스코 실리콘밸리에서 시작된 이 회의는 어느새 전 세계로 확산, 개최되고 있다.

바람직한 변화다. 세상 이치에도 맞다. 오르막이 있으면 내리막이 있고 낮이 있으면 밤이 있는 것처럼 세상의 양면을 모두 볼 수 있게 되었다. 우리의 지평이 그만큼 늘어났으며 세상을 보는 눈, 주위 사람을 이해하는 눈이 훨씬 깊어졌다. 동시에 바닥 다지기 과정을 통해 실패를 치열하게 성찰하며 바운스 백을 도모해 나가고 있다. 어떻게 이러한 변화가 일어난 것일까? 무엇 때문일까?

경영계에서는 최근 10년 사이에 이러한 흐름이 본격화되었다. 특히 거대한 충격을 두 번 겪고 나서부터 그 흐름이 눈에 띄게 달라졌다. 21세기 새 밀레니엄이 시작된다고 흥분할 무렵 우리가 경험한 것은 IT 거품이 터지면서 초래된 불황이었다. 예상과 계획이 모두 망가졌다. 21세기의 문을 열자마자 만난 것은 무너짐이었다.

이를 겨우 수습하고 몇 년 버티고 회복하는가 싶었는데 이번에는 더 큰 위기가 터졌다. 마치 영화 〈퍼펙트 스톰〉처럼. 2008년 글로벌 경제 위기는 월스트리트의 금융 붕괴로 시작하여 전 세계의 금융과 기업, 정부에 이르기까지 엄청난 타격으로 이어졌다. 사람들의 계획과 예상은 완전히 빗나갔다. 인류의 지식은 그 무엇도 제대로 예상하지 못했다.

상황의 변화는 인식의 변화를 이끌었다. 불확실하고 변화무쌍한 시대에는 성공만이 아니라 시련과 실패가 함께함을 알았고 다시 일어서려면 바닥 다지기가 필요하다는 것도 알게 되었다. 이에 대한 공감이 퍼져나갔고 보다 깊은 이해가 요청됐다.

사람들이 그동안 숨겨두고 있던 실패가 책상 위로, 강의실로, 특강으로, 신문 인터뷰와 책으로 나오기 시작했다. 감추었던 상처가 기억할 만한 훈장으로 변신했다. 잘나가는 초우량 글로벌 기업의 CEO들 역시 실패와 시련 이야기를 드러내고 이것이 성공의 중요한 발판이라고 강조하기 시작했다. 실패의 시대에 발판 만들기 즉, 바닥 다지기는 바운스 백의 중요한 기초로 더욱 주목받고 있다.

바운스 백이 단순히 회복만이 아니라 성장이듯 바닥 다지기 역시 추락한 아픔을 넘어 새로운 것을 창조하는 공간이자 시간이다. 바닥 다지기를 더 적극적으로 봐야하는 이유도 이 때문이다. 글로벌 기업 CEO들 역시 실패를 통한 바닥 다지기가 혁신에 꼭 필요하다고 강조한다.

매년 1월에 미국 라스베이거스에서 열리는 국제소비자전자제품 전시회(CES)는 전자 제품과 관련하여 전 세계의 이목을 끄는 유명한 이벤트다. 글로벌 전자회사들은 먼저 신제품을 출시해 시장의 관심을 끌고 더 나은 포지셔닝을 위해 경쟁적으로 참석한다. 세미나와 토론회도 함께 열린다. 2012년 1월에는 제록스, 포드, 버라이전 3사의 CEO가 참석한 토론 프로그램이 열렸다. 그 해의 주제는 '혁신 Innovation'이었다.

이 중 몇 가지를 소개하면, 버라이즌 CEO인 로웰 맥애덤Lowell McAdam은 "우리는 실패로부터 많이 배운다. 실패를 하려면 일찍 하라. 그래야 바닥을 다지고 빨리 배워 다른 해결책을 발견할 수 있다"라고 말했다.

포드 CEO인 앨런 머랠리Allan Mulally는 "일상생활을 보라. 우리는 수많은 실수를 한다. 비즈니스에서도 실패를 해봐야 바닥을 다지고 뭘 개선할지를 안다. 그래서 실패는 개선의 원동력이며, 혁신 가운데 아주 자연스런 일이다"라고 말했으며 제록스 CEO인 우르술라 번스Ursula Burns는 "실패라 말하지 말고 실수라고 말하자"라고 전했다.

놀랍게도 혁신에 관한 토론에서 CEO들이 강조한 것은 모두 '실패와 바닥 다지기의 중요성'이었다.

TED 강연 가운데 가장 많은 사람들이 본 것 중 하나가 켄 로빈슨의 '어떻게 학교가 창의성을 죽이는가How schools kill creativity'이다. 여기에서도 실패가 강조된다. 로빈슨은 어린이들이 실패와 실수를 통해 창의성을 획득한다고 명쾌하게 설명한다. 실패와 실수를 거치면서 바닥 다지기를 통해 자연스레 새로운 방법을 모색하기 때문이다. 따라서 추락하여 바닥에서 머무는 시간은 혁신과 창의성을 낳는 소중한 때다. 또 바닥은 혁신과 창의성에 집중할 수 있는 효과적인 공간이다.

글로벌 기업은 전화 회의를 많이 한다. 전 세계 사람들과 시도 때도 없이 회의를 하는데 불황이나 위기일수록 자주 등장하는 표현이 있다. "Bottomed Out." 바닥을 치고 나왔다고 해서 Bottom(바닥)에 Out(나오다)이 붙은 형태다. 이 표현은 언제 바닥이 만들어질지 논의할 때 많이 사용된다. 나라별로 대륙별로 돌아가며 상황을 점검하기도 하고 산업별로 사업부별로 검토하기도 한다. IT 거품이 터진 직후인 2000년과 글로벌 금융위기가 터진 2008년 하반기 이후에 바닥 다지기를 많이 논의했었다. 다시 뛰어 오르려면 우선 바닥이 다져져야 하기 때문이다. 인생도 마찬가지다. 떨어지다가 다시 튕겨져 오르려면 바닥 다지기가 이루어져야 한다. 실패와 시련을 거치고 고통을 통해 단련되는 바닥. 이것이 리더에게 필요한 바운스 백의 기초다. 그래야 바운스 백해 다시 살아날 수 있다. 조앤 롤링은 하버드 졸업연설에서 이렇게 말했다.

추락할 때 부딪쳤던 딱딱한 바닥을 주춧돌 삼아 그 위에 제 삶을 다시 튼튼하게 지을 수 있었습니다.

지금 점검하라. 당신의 삶에 바닥이 다져졌는지. 바닥을 치고 나올 수 있는지를.

휴브리스의
함정을 조심하라

'물극필반物極必反'. 《주역》에 나오는 한 구절로 '사물이 극에 달하면 반드시 역전된다'는 뜻이다. 이 말을 늘 가슴에 품고 사는 이가 있었다. 아시아 최고의 갑부, 리카싱李嘉誠회장이다. 그가 세운 청쿵長江그룹은 홍콩 주식시장 총액의 25퍼센트를 차지할 정도다. 그의 시작은 처량했다. 중학교 1학년에 아버지를 여의고 학업을 중단한 채 돈벌이에 나서야만 했다. 그랬던 그가 아시아 최고의 부자가 된 비결은 무엇이었을까?

2008년 리카싱 회장은 그가 설립한 중국 광동성 산터우汕頭 대학 졸업식에서 본인의 성공 비결에 대해 다음과 같이 말했다.[19]

나의 성공 비결은 내가 지나치게 교만한 것은 아닌지 스스로에게 항상 묻는 것, 바로 이것입니다.

이날 그가 강조한 것은 교만을 경계하는 '겸손'과 도전을 준비하는 '의지'였다. 그는 항상 '호황기에는 다가올 불황을, 침체기에는 새로운 도약을 준비'하였기에 변화무쌍한 비즈니스 세계에서 성공을 거듭할 수 있었다. 겸손과 의지, 바로 이 두 가지가 여기에서 살펴볼 또 하나의 바운스 백 기초다.

짐 콜린스와 안나 카레니나 법칙

2008년 글로벌 위기를 겪으면서 수많은 기업이 몰락했고 이를 본 많은 사람들이 물었다.

"왜 어떤 기업은 살아남고 어떤 기업은 사라지는가?"

이 물음에 대해 여러 전문가들이 답을 제시했는데 그중 경영 구루인 짐 콜린스의 《위대한 기업은 다 어디로 갔을까》를 살펴보자. 그의 저서는 리더들이 비극적인 운명을 미리 피할 수 있도록 유용한 도움을 준다.

이 책의 도입 부분이 아주 흥미롭다. 콜린스는 웨스트포인트에서 있었던 한 토론을 회고하며 책을 시작한다. 토론의 주제는 '미국'

이었는데 미국이 위대한 나라로 지속될 것인지 아니면 추락하는 변곡점에 서 있는지가 핵심이었다. 갑론을박이 이어졌다. 짐 콜린스는 이렇게 말한다.[20]

> 역사는 강자도 무너질 수 있다는 것을 반복해서 보여준다. 고대 이집트 왕조, 크레타의 미노스 문명, 중국 주나라, 히타이트 제국, 마야 문명도 모두 무너졌다. 아테네도 로마도 쓰러졌다. 심지어 불과 백 년 전만 해도 세계 강자로 군림하던 영국도 자신들의 지위가 무너지는 것을 지켜봐야만 했다. 미국도 같은 운명일까? 아니면 미국은 '지구상 마지막 최고'가 되길 원했던 링컨의 소망을 이룰 수 있을까?

짐 콜린스는 토론 도중 쉬는 시간에 한 CEO와 이야기를 나누었고 여기에서 영감을 얻는다.

> 꽤 큰 미국 기업의 CEO가 다가와 말했다.
> "토론이 무척 재미있습니다. 저는 아침 내내 토론 질문에 우리 회사를 대입해서 생각해보았습니다."
> 그는 말을 멈추고 잠시 생각에 잠겼다.
> "우리 회사는 최근에 큰 성공을 거뒀지요. 그런데 바로 '그게' 걱정입니다. 제가 알고 싶은 것은 '그것을 어떻게 알아차릴 것인가' 하는 점입니다."

"그게 무슨 말씀입니까?"

"세계 최고의 자리에 있을 때, 지구상 최강국일 때, 업계 최고의 기업이 되었을 때, 자기 분야에서 최고가 되었을 때, 바로 그 힘과 성공 때문에 자신이 이미 쇠퇴의 길로 들어서고 있다는 사실을 깨닫지 못합니다. 어떻게 하면 그 사실, 즉 '몰락의 징조'를 알아차릴 수 있을까요?"

이것이 바로 짐 콜린스가 이 책을 쓰게 된 배경이다. '왜 위대한 기업이 몰락하는가, 또 그것을 어떻게 알아차릴 것인가'라는 질문은 짐 콜린스의 상상력을 자극했고 결국 책을 쓰도록 이끌었다. 그는 대상 기업을 선정하고 자료를 모아 연구를 시작했다. 선정된 기업들의 역사를 모두 합하니 총 6천 년이나 되었다.

몰락의 패턴을 어떻게 정리할까 고심하던 그는 톨스토이의 소설 《안나 카레니나》의 첫 줄을 언급했다. "행복한 가정은 다 똑같다. 반면 그렇지 못한 가정은 모두 제각각의 이유로 불행하다."

몰락한 기업들의 실패 원인은 제각기 다른 것처럼 보였으나 콜린스는 몰락의 패턴을 다음처럼 5단계로 추출했다.

기업의 몰락 5단계와 휴브리스

짐 콜린스가 설명한 기업의 몰락 원인 5단계에서 우리가 주목할 것은 첫 번째 단계다. 기업이 몰락하는 이유는 '전략, 기술, 제품, 돈' 때문이 아니라 심리적 이유인 '자만' 때문이라는 것이다. 몰락 1단계는 성공을 당연한 것으로 간주해 진정한 성공의 근본요인을 잊고 거만해지면서 시작된다. 이러이러해서 성공했다고 과신하고 자만할 때 몰락은 도둑처럼 찾아온다. 성공의 요인을 살펴보면 운과 기회가 중요한 역할을 한 경우가 많은데 그 사실을 제대로 깨닫지 못하고 자기 능력과 장점을 과대평가하는 사람은 자만에 빠진다. 이 5단계를 표로 보면 더 확실해진다.

1단계	성공으로부터 자만심이 생겨나는 단계
2단계	원칙 없이 더 많은 욕심을 내는 단계
3단계	위협과 위기 가능성을 부정하는 단계
4단계	구원을 찾아 헤매는 단계
5단계	유명무실해지거나 생명이 끝나는 단계

1단계와 2단계를 보면 몰락의 시작은 '자만'과 '욕심'이다. 둘 다 비슷한 말 아닌가? 2008년 글로벌 위기 때 몰락한 월스트리트 기업을 떠올리면 어떤 생각이 드는가? 바로 '탐욕'이라는 단어가 떠올려지지 않는가. 그래서일까? 하버드 케네디 스쿨과 MIT 슬론 스쿨을

비롯한 여러 리더 양성 기관에서는 요즘 공통적으로 한 가지를 강조한다. "자만을 조심하라." 성공한 리더가 가장 경계해야 하고 리더를 패망으로 이끄는 가장 큰 요인은 바로 자만이었다.

'휴브리스hubris'라는 단어가 있다. 영국의 역사학자인 토인비Arnold Joseph Toynbee가 사용하면서 유명해진 용어로 지나친 오만을 뜻하는 그리스어에서 유래했다. 영어에서도 지나친 오만, 자기 과신, 오만에서 생기는 폭력 등을 의미한다.

토인비는 과거 성공 경험을 과신해 자신의 능력이나 방식을 절대적 진리로 착각함으로써 실패에 이르는 경우를 휴브리스로 규정하였다. 세상이 어떻게 바뀌었든 상관없이 자신이 과거에 했던 방식대로 일을 밀어붙이다가 실패하는 사람들의 부질없는 오만이 바로 휴브리스다. 미리 밝히자면 이 책 4부에서는 이러한 오만이 어디서 기인하는가에 대한 근본적 이유를 고전을 통해 탐색할 것이다.

'겸손과 의지'가 리더십의 차이를 만든다

그렇다면 자만과 욕심의 반대는 무엇일까? 알면 미리 대비할 수 있을 것이다. 공교롭게도 짐 콜린스 역시 같은 의문을 가졌고, 그의 또 다른 명저《좋은 기업을 넘어 위대한 기업으로》를 통해 그 답을 제시했다. 먼저 그는 "왜 어떠한 기업은 그저 그런 기업으로 남는 반면

위대한 성과

블랙박스 안에
무엇이 있을까?

좋은 성과

다른 기업은 위대한 회사가 되었는가?"라는 핵심 질문을 던졌다.

　그 과정은 블랙박스를 들여다보는 것과 같았다. 그는 블랙박스를 통해 그 첫 번째 비결이 다름 아닌 '리더십'이라는 것을 발견했다. 당연한 결과라고 생각할 수도 있다. 그러나 그 리더십의 성격에 대한 연구 결과는 고정관념과 선입견을 깨뜨릴 만큼 충격적이었다.

　　좋은 회사를 위대한 회사로 전환시키는 데 필요한 리더십의 유형을 발견하고 우리는 놀랐다. 정말 충격을 받았다. 헤드라인을 장식하며 명사로 대접받는 도도한 리더들과 비교하면 좋은 기업을 위대한 기업으로 도약시킨 리더들은 마치 화성에서 온 사람들 같았다. 나서지 않고 조용하며 조심스럽고 심지어 부끄럼까지 타는 이 리더들은 '개인적 겸양과 직업적 의지'의 역설적인 융합을 보여주었다. 그들은 패튼 장군이나 카이사르보다는 링컨이나 소크라테스에 더 가까웠다.

　짐 콜린스와 그의 연구팀이 5년간 연구한 결과는 기존 상식을 발각 뒤집었다. 외향적이며 카리스마 있는 마초형의 리더가 아닌 조용하며 조심스럽고 부끄럼까지 타는 리더들이 만든 결과는 놀라웠다. 그들이 이끈 회사의 주가는 1985년에서 2000년까지의 15년 동안 평균적으로 무려 6.9배가 올랐다.

'조용하며 조심스럽고 부끄럼까지 탄다'는 리더들에게 배울 점은 '겸손'과 '의지'다. 겸손하면서도 의지가 굳고 변변찮아 보이면서도 두려움이 없다는 것. 우리 식으로 표현하자면 '외유내강'이 아니던가.

정리해보면 성공하고 실패하는 기업의 차이는 리더십이다. 몰락하는 기업은 리더의 자만과 욕심이, 위대한 기업 역시 리더의 겸손과 의지가 만든다.

그렇다면 무엇이 겸손하면서도 불굴의 의지가 있는 리더를 만드는가? 실패와 시련을 통해 강철처럼 단련된 바닥 다지기, 실패의 무너짐을 거쳐 자신의 연약함과 부족함을 깨닫는 겸손, 그렇게 어떠한 환경과 도전 속에서도 바운스 백 하는 힘이 그러한 리더를 만든다.

짐 콜린스의 다음 말은 바운스 백이 어떻게 차이를 만드는지 잘 설명해준다.

정말로 위대한 조직과 단순히 성공적인 조직의 차이는 어려움을 겪느냐 겪지 않느냐에 있는 것이 아니라, 어려움 혹은 재난을 당한 뒤 다시 살아나고 이전보다 더 강해질 수 있느냐에 달려 있다. 위대한 국가는 몰락하더라도 부활할 수 있다. 기업은 몰락하더라도 다시 일어날 수 있다. 위대한 사회단체 역시 몰락했다가도 다시 일어선다. 위대한 개인도 무너졌다가 다시 살아난다. 철저히 무너져 게임에서 완전히 도태되지 않은 상태라면 항상 희망은 있다. [21]

인생과 비즈니스는 성공과 실패가 무수히 반복되는 긴 여정이다. 이 것은 현실이자 희망이며 동시에 경고다. 그렇기에 진정한 리더는 겸 손할 수밖에 없다. 불확실한 미래와 수많은 도전 앞에서 쓰러지고 아파하며 성숙해졌기 때문이다. 아울러 그 시련에서 단련되었기에 강한 의지가 계발된다. 따라서 겸손과 의지, 이 두 가지는 바운스 백 을 위해 리더가 가져야 할 기초 중의 기초, 기본 중의 기본이다. 또한 흔들릴 때마다 되돌아 봐야 하는 리더의 원칙이다.

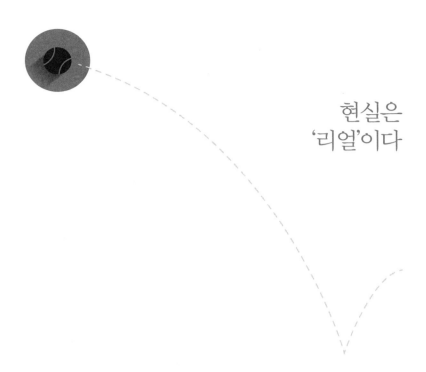

현실은
'리얼'이다

1912년 4월 15일 영국 사우샘프턴을 출발하여 뉴욕으로 향하던 타이타닉 호는 처녀항해 닷새 만에 바다에 가라앉았다. 그 당시 가장 크고 호화스러웠던 여객선의 침몰로 무려 1천5백 명의 승객이 목숨을 잃었다. 도대체 어떤 실수를 했기에 이런 참혹한 비극이 발생했을까? 결론부터 말하면 현실을 제대로 파악하지 못한 '리더의 잘못' 때문이었다.[22]

타이타닉호의 선장 에드워드 스미스는 당시 세계에서 가장 높은 급료를 받던 선장으로 예순두 살의 베테랑이었다. 그는 전형적인 호언장담 형으로 철저한 준비와 실행과는 거리가 있는 인물이었다. 그의 손에 수많은 사람의 목숨이 달려 있었다는 점을 생각하면 실로 끔찍한 일이다.

실수에 실수가 잇달았다. 그는 대서양으로 출항하기 전에 치명적인 실수를 두 가지나 저질렀다. 배에 탐조등을 설치하지 않았으며 최소한 망원경이라도 갖춘 망대를 설치해야 했는데 그것도 신경 쓰지 않았다. 이 두 가지는 바로 현실을 파악하는 기본 장비를 뜻한다. 망망대해에서는 매 순간이 위험한데 기본 준비부터가 잘못되어 있었다. 비극의 출발은 여기서부터였다.

'탐조등'은 이미 오래전부터 영국의 모든 군함에 필수적으로 부착되어 있었다. 하지만 상선들은 '항해등'만으로 충분하다고 생각했다. 통념이 그렇더라도 지상에서 가장 크고 현대적이고 말도 많던 선박을 책임진 선장이라면 당연히 해운회사에 탐조등을 설치해달라는 요구를 해야 했다. 하지만 스미스 선장은 의무 규정이 아닌 망원경 망대의 설치를 불필요한 것으로 생각했다.

"망원경이 있었더라면 먼 거리에서 빙하를 발견할 수 있었다고 생각합니까?"

참사 직후 진상조사위원회에 참석한 타이타닉 호의 선원 플리트에게 물었다. 그는 한밤중에 정체를 알 수 없는 검은 덩어리가 선박 쪽으로 떠내려 오는 것을 발견해 급히 선박에 경보를 울린 인물이다. 그는 이렇게 대답했다.

"예, 좀 더 일찍 발견할 수 있었을 겁니다. 그랬더라면 빙하를 피할 시간은 충분했습니다."

게다가 야간에는 돛대 위 망대에 있는 두 명의 선원만으로는 빙하의 위험을 충분히 감지할 수 없다는 항해상의 일반적인 경험칙도 어겼다. 즉 뱃머리에 또 다른 선원을 세우고 선교 양측에 항해사를 한 사람씩 배치해서 어둠 속의 바다를 관찰하도록 해야 하는 추가 조치를 내리지 않았던 것이다.

스미스 선장은 위험한 바다의 현실 파악에 실패했다. 암흑처럼 깜깜한 바다의 현실은 냉혹했다. 아직 추운 4월의 바다. 빙하가 떠돌아다니고 기온은 점점 더 내려가 영하를 가리켰다. 주위의 다른 배들이 빙하를 조심하라고 경고했다. 그것도 한두 번이 아니라 무려 다섯 차례나. 불행하게도 그는 이를 모두 무시했으며 오히려 무모한 결정을 내렸다. 시속 22노트의 초고속으로 무섭게 질주한 것이다. 결국 타이타닉 호는 빙하와 충돌했고 결과는 참혹했다. 2천2백여 명의 승객 중 구명정에 탑승하지 못한 1천백여 명이 모두 타이타닉 호와 함께 바다에 수장되었으며 스미스 선장 역시 관례대로 배와 운명을 같이했다.

선장의 경솔함과 과도한 교만이 눈을 멀게 하여 현실을 냉정하게 보지 못했다. 이처럼 리더가 자만하면 비극이 초래된다. 그래서 '냉혹한 현실'을 있는 그대로 아는 것은 리더의 '머스트' 기본 책무, 바운스 백의 기초다.

삶의 안전벤트를 미리 매라

〈피닉스〉는 비행기 재난 영화로 사막에 불시착해 겪는 고생담을 리얼하게 보여준다. 몽골리아의 유전 폐쇄 결정이 내려진 직후 유전개발 스태프들을 철수시키기 위해 화물 비행기(C-119)가 날아가지만 이륙 후 거대한 모래폭풍을 만난다. 기체에 부딪히는 모래와 자갈 더미에 비행기의 안테나와 왼쪽 엔진이 파괴된다. 결국 조종사 프랭크는 사막 한가운데 불시착을 감행한다. 겨우 착륙에 성공하지만 살았다는 안도도 잠시뿐, 비행기는 수리가 불가능할 정도로 파괴되고 주위에는 끝도 없이 펼쳐진 모래뿐이다. 사막 한가운데 떨어진 열한 명의 승객들에게 남은 건 턱도 없이 부족한 물과 음식, 파손된 비행기의 잔해가 전부다. 사람들은 비행기를 조종한 프랭크에게 모든 책임을 돌리며 비난을 퍼붓는다. 점점 떨어져 가는 식량, 살을 찢는 모래폭풍, 사막의 도적떼…… 열한 명의 승객 사이에도 내분이 일어난다. 그들은 과연 살아서 돌아갈 수 있을까?

이것은 비단 재난 영화의 설정만이 아니다. 우리의 생생한 현실이기도 하다. 비행기가 사막에 불시착한 후 탑승자끼리 나누는 짧은 대화는 현실이 어떤지 시사하는 바가 크다. "여기서 가장 가까이 있는 도시가 랭구인데 아마 수백 마일은 될 거야"라며 누군가 말하자 근육질의 한 남자(A)가 대답하면서 여러 말들이 오간다.(이 남자를 A로, 다른 이들을 X로 구분한다.)

A: 나는 걸어서 갈 거야.

X: 너무 멀어 위험해.

A: 나는 체력이 튼튼해. 할 수 있어. 마라톤을 세 번이나 해봤거든.

X: 사막을 걸어본 적이 있어?

A: 예전에 모하비 사막을 걸어본 적이 있어.

X: 여긴 모하비가 아니야. 여긴 고비 사막이야. 경고하는데, 고비 사막은 7월인 지금이 1년 중에 가장 더울 때야. 걸으면 수분 부족으로 금방 죽을 거야.

A: 그럼 밤에 가면 돼.

X: 어떻게 방향을 찾아갈 거야. 깜깜해서 아무것도 안 보일 텐데.

A: 문제없어. 나침반이 있잖아.

X: 이 근처가 알타이 산맥인데, 자성이 강한 자성체 바위가 많아. 나침반이 방해를 받아서 바늘이 마구마구 움직이기 때문에 나침반도 소용없을 거야.

A: 흠, 그래……. 그러면 지도를 보고 가지 뭐.

X: 이 지도, 아무 쓸모없을 거야. 사막은 시시각각 변하거든. 모래폭풍으로 매 순간이 얼마나 달라지는지 몰라.

A: 그래 알았어. 그만해. 내가 졌어, 당신들이 이겼단 말이야.

X: 친구, 하나 말해주지. 이건 말이야. 지고 이기고의 문제가 아니야. 이건 생존의 문제야. 어떻게 하면 우리가 살아남느냐의 문제란 말이야.

생생한 현실을 보여주는 영화가 또 있다. 스필버그 감독의 영화 〈링컨〉의 대화 가운데 하나다. 이번에는 사막이 아니라 '늪'이다. 극중 링컨은 일을 실행할 때 계획대로 되지 않고 예상 밖의 난관들을 만난다고 말하며 이것을 '나침반과 늪'으로 비유한다.

나침반은 정북방을 가리키지만 '늪'이 있다는 사실을 알려주지는 않죠. 다른 장애물, 사막, 협곡 등도 알려주지 않아요. 이러한 사실을 모르고 무조건 가다가 늪에 빠지고 만다면 나침반이 무슨 소용이 있을까요?

생생한 현실은 이와 같이 복잡하다. 나침반과 지도로는 다 파악할 수 없다. 하지만 '현실의 생생함'을 인지하는 순간 우리는 알 수 있다. 최소한 이 현실 세계에는 사막과 협곡, 늪이 있다는 것을. 그리고 언젠가는 폭풍이 온다는 것을. 미리 알면 준비할 수 있다. 즉 삶의 안전벨트를 미리 맬 수 있는 것이다.

인생과 비즈니스에 당황스러운 순간이 연속적으로 찾아오는 것은 누구에게나 같다. 차이를 만드는 것은 다음 지점, 즉 어떻게 대처하느냐에 달려 있다. 여기서 요구되는 것이 낭떠러지에 떨어져도 다시 올라올 수 있는 강한 회복력인 바운스 백이다.

제프리 무어가 주창한 '캐즘chasm 마케팅'과 비슷하다. 무어는 실리콘밸리의 많은 벤처들 가운데 왜 누구는 성공하고 누구는 실패하는지를 연구했는데 성공한 기업들은 초기 진입 후 맞닥뜨린 캐즘 즉, 갈라진 틈을 성공적으로 뛰어넘었다는 결과를 얻게 되었다.

두 가지를 기억하라. 인생 계곡, 비즈니스 계곡을 줄줄이 앞둔 현실은 냉혹하다는 것, 그러나 바운스 백 할 수 있다는 것을.

인생 여정은 생각보다 훨씬 리얼하고 냉혹하다

짐 콜린스는 암벽타기를 좋아하는데 그 이유가 걸작이다. 다음 기사를 보자.[23]

> 그는 열네 살 때 암벽등반을 시작했고, 요즘도 일주일에 세 차례 암벽을 탄다.
>
> 요세미티 국립공원엔 수직 고도 약 1,100미터의 '엘 캐피턴'이란 화강암 암벽이 있다. 세계에서 가장 큰 바위로 기네스북에 올랐다. 그중에서도 가장 어려운 코스가 사람의 코를 닮았다 해서 '노즈'라고 이름 붙여진 곳이다. 보통 3박 4일을 잡아야 하는 코스다.
>
> 그는 이 코스를 20시간에 주파한 적이 있다. 쉰 살이 되는 해를 기념하기 위해서였다고 한다.
>
> 누구는 생일을 기념하기 위해 파티를 하고 누구는 여행을 떠난다. 그러나 짐 콜린스에게 그것은 목숨을 걸어야 하는 암벽등반이었던 것

이다. 그는 '24시간 이내 주파'를 위해 최고의 전문가로부터 2년간 훈련을 받았다.

그는 산은 자신에게 귀중한 강의실이라고 말한다.

"암벽을 좋아하는 이유는 그것이 극도로 실제적이기 때문입니다. 중력은 핑계에 철저히 무관심합니다. 중력은 당신이 '죄송해요. 아직 숙제가 덜 됐어요'라고 말하도록 내버려두지 않습니다. 실수를 하든 말든, 발을 헛디디든 말든 중력은 상관하지 않습니다."

마라톤처럼 긴 인생을 달려야 하는 우리의 리더십 여정은 훨씬 더하다. 세계 최초로 다섯 곳의 극지(남극점, 북극점, 에베레스트, 베링 해협, 그린란드)를 성공적으로 다녀온 탐험가가 있다. 한국인인 그의 이름은 홍성택. 업적과 성취에 비해 이름이 많이 알려지지는 않다. 홍성택 씨는 그의 책 《아무도 밟지 않은 땅, 5극지》에서 가혹한 현실에 대해 이렇게 서술한다.

탐험과 등반은 서로 방식이 다르고 환경 또한 다르다. 히말라야 8천 미터 등반이 숨 가쁘고 위험한 3천 미터 장거리 달리기라면, 극지 탐험은 위험성은 적지만 거칠고 삭막한 곳을 오랫동안 달려야 하는 마라톤과 같다. 장비 또한 많이 다르다. 히말라야에서 사용하는 옷과 장갑, 양말, 신발 등은 북극에서 3일도 견디지 못하고 기능을 상실하고 만다. 그리고 등반은 베이스캠프를 떠나 3~4일 등반 후 돌아와 쉬다가 다시 등반할 수 있지만 극지 탐험은 한 번 떠나면 최소 40~50일 이상은 걸어야 하고 실패하면 두 번의 기회는 없다. 구조되든지 아니면 걸어서 돌아가든지, 그것도 아니면 그곳에서 생을 마감해야 한다. 탐험은 항상 내가 예상했던 것보다 훨씬 더 가혹하고 거칠었다. 극한의 체력 소모와 배고픔을 참으며 살기 위해 몸부림쳐야 했고 저녁에 태양이 사라지면 어둠에 묻힌 채 추위에 떨어야 했다.

유대 민족은 고통과 시련을 겪으면서 수천 년간 생존해왔다. 바운스 백 민족이라고 해도 과언이 아니다. 수천 년간 대를 이어온 유대 가정의 자녀 교육 철칙은 "사실을 있는 그대로 가르쳐라"다.[26] 아이가 헤쳐 나가야 할 냉혹한 현실을 있는 그대로 보여준다. 해마다 유월절이 돌아오면 아버지는 자녀들에게 민족의 고통을 반복해서 들려준다. 그리고 아이의 생애에서도 그러한 고통이 얼마든지 반복될 수 있다는 것을 상기시킨다. 세상이 얼마나 위험하고 냉혹한 곳인지를 가르쳐주되 그 속에서 살아가는 법도 함께 가르친다.

우리는 가정에서, 회사에서, 사업에서, 인생에서 냉혹한 현실을 직시하고 있는지 늘 점검해야 한다. 현실은 냉혹하다. 그것을 정확히 아는 것이 바로 바운스 백의 기초다. 그래야 불확실하고 위험한 현실을 만나더라도 당황하지 않고 바운스 백 해나갈 수 있다.

무라카미 하루키의 다음 말로 끝을 맺는다. 그는 《1Q84》에서 우리의 처지에 대해 아주 리얼하게 일갈한다.

현실이란 한없이 냉철하고 한없이 고독한 것이다.

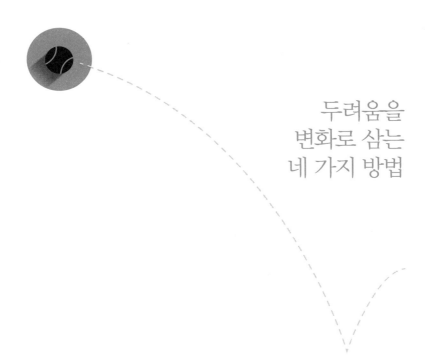

두려움을 변화로 삼는 네 가지 방법

"팔 다리는 없어도 희망은 있어요."

몇 년 전, 희망전도사라 불리는 이의 특강에 갔더니 위와 같은 제목이 눈에 확 들어왔다. 그는 팔다리, 즉 사지가 없이 태어난 장애인이었다. 이름은 '닉 부이치치'.

부정적인 면에서 그는 조숙했다. 여덟 살에 자살을 생각하고 열 살에 자살을 실행해 욕조에 물을 받아놓고 죽으려고까지 했다. 하지만 나중에 어머니가 들려준 중증장애인의 역경을 극복한 이야기를 듣고 인생의 전환점을 맞았다.

닉 부이치치가 말한 두 가지 말이 아직도 귓가에 맴돈다. "가장 큰 장애는 두려움입니다." 그리고 "내가 가장 좋아하는 동물은 '독수리' 입니다."

그 이유가 아주 멋있었다. "독수리는 폭풍을 두려워하지 않습니다. 폭풍이 오면 오히려 그걸 타고 더 높이 올라갈 수 있기 때문입니다." 이것이 바로 이 책에서 말하는 바운스 백의 힘이고, 바운스 백의 기초다. 두려움을 떨치고 독수리처럼 폭풍을 타고 더 높이 오르는 것!

영화 〈퍼펙트 스톰〉에서 조지 클루니가 말했듯 폭풍은 또 올 것이다. 인생과 비즈니스에 예고 없이 들이닥칠 것이다. 자녀 문제, 직장 문제, 재정 문제, 건강 문제가 한꺼번에 터져 밑도 끝도 없는 나락으로 떨어질 수도 있다. 하지만 결국에는 폭풍을 타고 오르는 독수리처럼 바운스 백 해야 한다. 그러려면 무엇보다 '두려움을 떨쳐야' 한다.

독수리처럼 폭풍을 타고 더 높이 오르라

독수리를 떠올리면 생각나는 이야기가 있다.

2010년 12월 영국의 소더비 경매에 책이 한 권 나와 무려 1,150만 달러(약 120억)라는 사상 최고가로 낙찰됐다. 제목은 《미국의 새들》로 미국에 서식하는 각종 새들의 그림을 모은 책이었다. 1827년 출판되어 오늘날까지도 가장 뛰어난 북아트 중 하나로 평가받는 이 책의 저자는 오더본^{John James Audubon}이다. 그는 1785년 아이티에서 프랑스인의 후예로 태어나 후일 미국으로 건너와 아메리칸 드림을 이루고 미국 조류학의 아버지가 되었다. 그의 이름을 딴 공원, 다리, 자연보호협회가 있을 정도로 그의 업적은 높이 평가된다. 그러나 그의 인생은 쉽지 않았다. 실패의 연속이었다.[25]

귀족학교에 진학했으나 학업에 무관심해 적응하지 못하고 그 후 군사학교로 옮겼으나 규율을 잘 따르지 않아 또 실패했다. 그의 관심은 정작 엉뚱한 곳에 있었다. 사냥과 새를 그리는 것이다. 그의 아버지는 열여덟 살의 자식을 신세계 미국으로 보냈다. 미국에서 새로운 기회를 잡으려 했지만 기회의 땅에서도 실패는 지긋지긋하게 계속되었다. 사냥과 새 그림에 대한 집착으로 온갖 사업에 실패하고도 그는 사냥과 그림 그리는 일을 손에서 놓지 않았다. 결국 일이 없어 사냥으로 먹을 것을 얻고 그림을 팔아 겨우 가족을 부양했다.

그러던 1820년, 훗날 그가 '위대한 선택'이라 부른 결정을 하게 된다. 미국의 새들을 모두 그려보겠다는 것. 그 후 몇 년간 수백 종의 새를 그린 후, 1826년 영국에서 《미국의 새들》을 발간했다. 반응은 폭발적이었다. 그의 그림은 완벽할 정도로 현실적이었으며 생김새만 묘사한 것이 아니라 새의 생활과 습성까지도 표현해, 자료 가치와 예술 가치 모두를 담아냈다. 일생의 목표였던 '미국의 모든 새들을 연구하겠다'는 꿈을 구현한 역작이었다. 오더본은 이렇게 말했다.

사냥, 낚시, 그림 그리고 음악이 내 모든 순간을 차지했다. 걱정 따위는 알지도 못했고 걱정 따위는 하지도 않았다.

오더본은 하는 일마다 모두 실패했지만 좋아하는 단 한 가지, 그림 그리는 일을 포기하지 않고 지속했다. 그리고 결국 뛰어난 업적을 이루었다. 시련과 역경이 주는 두려움을 떨치고 바운스 백 하여 독수리처럼 날아올랐다. 폭풍처럼 강력한 바람을 타고 높이, 아주 높이.

용기란 두려움을 정복하고 압도하여 뛰어넘는 것

'두려움을 떨치라'는 것은 두려움을 회피하라는 말이 아니다. 오히려 그 두려움을 적극적으로 해석하여 도전과 변화의 기회로 삼으라는 말이다.

이 책의 가장 앞에 등장한 FDR은 그의 두 번째 취임사에서 이 점을 확실하게 언급했다.[26]

우리가 현재 얻은 것들은 평상시보다 훨씬 압박이 강한 상황에서 쟁취된 것입니다. 두려움과 고통이 자극할 때 발전은 불가피합니다. 어려운 상황은 진보의 편입니다.

루스벨트는 그 유명한 첫 번째 취임사, '우리가 가장 두려워해야 할 것은 바로 두려움 그 자체입니다'에서 이미 미국 국민들에게 두려움을 피하지 말고 직면하자고 말한 바 있다. 그는 대공황의 힘든 시기에서도 여러 새로운 프로그램들을 도입함으로써 나라 전체를 발전적인 방향으로 이끌었다. 이를 돌아보면서 두 번째 취임사에서 그는 '발전을 이끌어낸 것은 다름 아닌 두려움과 고통의 시기였다'는 점을 강조했다. 그렇다면 어떻게 하면 두려움을 떨치고 변화의 기회로 삼을 수 있을까? 이 책 후반부에서 바운스 백의 실행 원칙들에 대해 자세히 설명할 예정이지만 이 즈음에서 두려움 떨치기에 관한 네 가지 실제적인 방안을 간단히 언급하고자 한다.

첫째는 두려움을 새롭게 인식하는 것이다. 두려움은 우리와 늘 함께 하는 인간의 본질이다. 당신만이 두려운 것이 아니다. 모두가 그렇다. 실패가 상수인 시대, 두려움은 늘 우리와 같이 있을 수 밖에 없다. 두려움은 매스미디어, 인터넷, SNS를 통해 더 빠른 시간에 더 넓게 더 많이 퍼져나가며 점점 더 우리 삶의 일상 필수품이 되고 있다. 모두가 불안하고 두려워하는 시대, 오히려 역설적으로 마음 편하게 먹는 것이 두려움을 떨치는 데 도움이 될 것이다.

둘째는 두려움을 '스토리'처럼 생각하는 것이다. 스토리에는 긴장감이 있고 줄거리가 있다. 두려움도 마찬가지다. 두려움이라는 이야기 속에서 주인공인 나 자신을 중심으로 사건이 일어나고 긴장감이 만들어진다. 두려움이 이야기와 같다면 이야기를 듣는 것처럼 두려움을 받아들여 보자. 우리가 어떤 이야기를 감상할 때 그 감정을 생생하게 느끼기 위해서는 어떻게 하는가? 바로 주인공이 어떻게 대처할지, 또 앞으로 어떤 일이 생길지를 궁금해하며 이야기를 즐긴다. 또 이야기의 긴장감이 고조될 때는 함께 고조되다가 갈등이 해결되면 같이 갈등에서 벗어난다.[27] 이 책에서 나오는 많은 이야기들이 독자들에게 도움이 되길 희망하며 다음 장에서는 스토리와 리더십을 같이 묶어 살펴볼 예정이다.

셋째, 두려움을 떨치는 것은 타인의 시선으로부터 자유를 인식하는 것임을 기억하라. 〈허핑턴 포스트〉의 창업자 아리아나 허핑턴은 인생의 많은 좌절과 실패를 통해 깨달은 것이 하나 있다고 고백했다. "내가 부끄럽게 생각하는 일, 내가 실패했던 일에 신경 쓰는 사람은 오로지 나 자신뿐이다는 것을 알게 되었다. 경력이 끝났다고 생각했지만 다른 사람들은 그 일에 그다지 관심이 없었다." 실패에 대한 두려움도 사실 많은 경우 실패 그 자체보다 타인의 시선이나 타인의 평가를 더 두려할 때 생긴다. 특히 체면을 중시하는 사회에서는 더 심하다. 허핑턴의 말을 새겨 볼 필요가 있는 대목이다.

넷째는 두려움을 여러 사람과 함께 떨치는 일이다. 다른 일과 마찬가지로 함께 하면 훨씬 쉽다. 혼자보다 여럿이 할 때 두려움은 줄고 자신감은 배가된다. 사회가 점점 더 개인화, 파편화할수록 쉽지 않은 부분이다. 이에 대한 구체적인 방법은 제5장에서 바운스 백 7가지 원칙을 통해 더 자세히 설명할 것이다.

바운스 백의 마지막 기초는 '두려움 떨치기'다. 리더는 실패한 이후 바닥을 다지면서 냉혹한 현실을 직면하고 두려움을 뛰어넘어야 한다. 두려움을 회피하는 것이 아니라 적극적인 도전의 기회로 삼아야 한다. 수많은 예술·문학 작품들이 고통 속에서 두려움 속에서 결핍 속에서 창조된 것을 역사는 증명하고 있다.

만델라는 노벨평화상 수상 소감에서 두려움에 대해 이렇게 말했다.

용기 있는 사람은 두려움을 느끼지 않는 사람이 아니라 두려움을 정복하고 압도하여 뛰어넘는 사람이다.

"리더십은 본질적으로 인간이 애쓰며 힘겹게 노력하는 과정이다. 이때 인간은 완벽하지 않고 결함이 있다는 것을 전제로 하며 그 과정은 지난한 분투다."

Bounce 3

바운스 백 렌즈로 보면
새로운 리더십이 보인다

: 삶, 스토리 그리고 여행의 리더십

뛰어난 리더는
무엇이 다른가

미래가 불확실하고 실패를 거듭할 수밖에 없는 시대에는 어떤 리더 십이 필요할까? 실패한 이후의 바운스 백이 차이를 만든다면 우리 는 그 관점에서 새롭게 리더십을 봐야 한다. 때문에 이 장에서는 바 운스 백 렌즈로 리더십을 들여다 볼 것이다. 즉 바운스 백 관점으로 '일이관지一以貫之'하기다.

　바운스 백 렌즈로 리더십을 보면 무엇을 발견할 수 있을까? 마침 내 우리는 리더십 스킬이 아닌 리더십의 본질과 만날 수 있다. 살아 있는 리더십을 포착하여 리더십을 더 깊고 넓게 이해할 수 있다.

　우리의 첫 출발점은 바운스 백이 리더가 실패하고 쓰러지는 회복과 성장 과정이라는 것이었다. 바운스 백 렌즈로 리더십을 들여다보니 먼저 쓰러지고 실패하며 고통 속에서도 분투하는 '리더의 삶'이 보였다. 또한 리더들의 삶은 쓰러지더라도 계속 전진하는 '긴 여정'임을 알게 되었다. 이 긴 여정에서 리더는 성공만이 아니라 '실패-회복-성장'을 거듭했다. 현실에서 아무리 힘겨운 분투를 하더라도 미래에 대한 비전을 놓지 않았고 주위와의 소통을 지속했다. 이렇듯 리더십은 역동적인 과정이다. 박제처럼 죽어 있는 것이 아니라 생생하게 살아 있다.

이처럼 살아 있는 리더십과 통찰력을 바탕으로 리더들은 그 구성원들을 더 깊이 이해하게 된다. 공감이 생기고 소통에 성공한다. 마음에서 우러나는 협력과 시너지를 통해 성과가 자연스럽게 향상되는 것이다. 바운스 백 렌즈로 리더십을 볼 때 우리가 얻는 큰 혜택이다.

하버드 대학은 왜 경영학 수업에서 문학작품을 다루는가

리더도 피와 땀과 눈물이 있는 똑같은 사람이다. 파워풀한 마초처럼 구는 것은 허상일 뿐이다. 마음을 감동시킬 줄 아는 리더가 조직을 살아 움직이게 만든다. 나아가 이러한 리더는 조직 구성원들의 잠재력, 즉 '포텐셜'까지도 전부 발휘하게 만든다.

리더십 거장 빌 조지Bill George의 고백은 이 점을 명확하게 보여준다.[28] 뛰어난 리더를 만드는 것은 그들의 '삶 자체'와 그 '인생 스토리'라고.

나는 2004년 하버드 경영대학원에 리더십 교수로 부임했다. 거기서 리더십에 관한 한 연구에 몰두했는데, 주제는 '뛰어난 리더들은 어떻게 리더십을 계발하는지, 또 그들에게 공통되는 특성이 무엇인가?'를 밝히는 것이다. 그런데 이 연구를 개시할 즈음 동료 교수들이 충격적인 사실을 하나 알려주었다. 이전에 비슷한 주제에 도전한 수많은 프로젝트가 모두 실패했다는 것이다. 그것도 무려 약 1,400여 개의 리서치가.

그럼에도 나는 연구를 계속 밀어붙였다. 두 명의 노련한 연구원과 함께 125명의 뛰어난 리더들을 인터뷰했다. 그 리더들은 나이대가 23세에서 93세였고 인터뷰 결과는 약 3,000페이지 분량의 보고서로 정리되었다. '무엇이 뛰어난 리더들의 공통 특성일까?'라는 질문에 답을 구하기 위해서였다. 결과를 분석했다. 실망스러웠다. 공통되는 특성이 뚜렷하게 보이지 않았기 때문이다.

실망만 하고 있을 수 없어 두 명의 연구원들과 보고서를 찬찬히 다시 들여다보기 시작했다. 리더들의 진솔한 이야기가 가득했다. 고생과 시련, 실패 등을 겪고 어떻게 극복했는지에 대한 다양한 이야기가 끝이 없었다.

결론이 나왔다. 그들의 리더십을 만든 것은 바로 다름 아닌 '그들의 삶 그 자체와 삶의 리얼 스토리'였다.

스토리의 보고는 뭐니 뭐니 해도 문학작품 아니겠는가. 이 점에 착안하여 하버드 경영대학원과 MIT 슬론 스쿨 등 여러 MBA 과정에서는 '문학작품'을 읽고 토론하면서 리더십을 배우는 과정을 개설했다. 이러한 추세는 점점 확산되고 있다.

MIT '슬론 펠로우 프로그램' 과정 마지막 학기에는 여느 MBA 과목과는 전혀 다른 과목을 들을 수 있다. 초이스 포인트 Choice Point라고 불리는 이 과목은 한 학기 내내 고전 소설만을 읽고 토론한다. 프로그램 전통 중 하나로 졸업 후에도 많이 회자된다. 수업 교재는 《안티고네》, 《줄리어스 시저》, 《모든 것이 산산이 부서지다》, 《인형의 집》, 《비밀 공유자》, 《세일즈맨의 죽음》 등의 문학작품으로, 때로는 학생들의 가족도 초청하여 함께 토론하기도 하고 관련 영화를 보여주기도 한다.

휴렛 패커드[HP]사의 CEO를 역임한 여성 리더, 칼리 피오리나[Calry Fiorina] 역시 1989년 이 수업에서 많은 영감을 얻었다고 훗날 토로한 바 있다. 그녀는 자서전에서 이렇게 회고한다.[29]

MIT 슬론 스쿨의 커리큘럼은 혹독하고 방대했다. 학생들은 압박감 속에서 뛰어난 학업 성과를 얻으려 매진해야 했다. 그곳에서 만난 사람과 배운 것들은 우리에게 엄청난 선물이었다. 여러 강의를 들으면서 비즈니스에 대한 개념이 점점 모양을 갖추게 되었다.

개인적인 성찰을 하게 한 강좌가 있었다. 그 강좌에서 가장 심오했던 경험은 소포클레스의 《안티고네》를 읽은 것이었다. 원칙을 버리라는 엄청난 압박에도 불구하고 그것을 지켜나가는 여성에 대한 이야기로, 자신을 버리지 않은 결과 고립과 추방에 직면한다.

《안티고네》를 읽은 후 지금까지 1년에 한 번씩 시간을 내서 나 자신의 행동과 동기를 깊이 점검하는 시간을 갖는다. 새해 무렵에 일종의 '연중 점검'을 하는 것이다. 해마다 스스로 조용히 묻는다. 그동안 내가 내렸던 결정에 마음이 편안한지. 내 영혼이 여전히 나의 것인지.

하버드 경영대학원에도 비슷한 과목이 있다. 조 바다라코Joe Badaracco 교수가 가르치는 과목으로 역시 문학작품을 읽고 토론한다. 작품 리스트 역시 MIT와 비슷하다.[30]

리더십은 결함 있는 인간이 애쓰며 힘겹게 노력하는 과정

MIT와 하버드 경영대학원은 하나같이 문학성이 높은 작품들을 골랐다. 여기서 흥미로운 기사를 하나 소개한다.[31] '문학작품이 뇌에 미치는 영향'에 관한 것으로 왜 문학작품을 최고의 경영대학원에서 공부하는지 과학적으로 시사하는 바가 크다.

최근 과학자들은 소설 한 권이 실제로 인생을 바꿀 수 있음을 입증한 논문을 잇달아 발표했다. 소설에 나오는 주인공을 자신과 동일시하면 뇌 신경회로가 바뀌며 문학성이 풍부한 소설은 사람을 이해하는 능력도 높인다는 것이다. 2013년 10월 미국 뉴스쿨 대학 심리학과 연구진은 국제학술지 《사이언스》에 "문학성이 높은 소설을 읽으면 남의 마음을 읽는 능력이 발달하는 것을 확인할 수 있다"고 발표했다. 연구진은 문학성이 높은 소설과 대중소설, 그리고 비소설을 읽고 나서 타인의 감정 상태를 이해하는 공감 능력이 어떻게 달라지는지를 조사했다. 그 결과 문학성이 높은 소설을 읽은 사람의 인지와 정서 능력이 가장 높게 나왔다. 대중소설과 비소설을 읽은 사람 사이에는 별 차이가 없었다. 연구진은 "대중소설은 인물을 평면적이고 예측 가능하게 묘사하지만 문학성 높은 소설에는 현실처럼 속마음을 알기 어려운 복잡한 인물들이 등장하기 때문"이라고 설명했다.

문학성이 높은 소설은 문장이나 문법에서 독창적 장치를 많이 쓴다. 그만큼 독자로 하여금 지적이고 창조적인 사고를 요구한다. 그런 낯선 경험을 하고 나면 무심코 지나쳤던 타인의 감정도 이해할 수 있는 힘이 생긴다는 말이다.

이를 요약하자면 문학성이 높은 작품은 사람을 이해하고 공감하는 능력을 계발하고 지적이며 창조적인 사고를 끌어올린다는 것이다. 미래의 리더를 배출하는 경영대학원이 놓칠 수 없는 부분이다.

조 바다라코 교수는 이처럼 고전문학작품 탐구를 통해 리더십을 전보다 훨씬 더 깊고 새롭게 이해하고 재정의할 수 있게 되었다고 말한다. 그는 리더십을 이렇게 정의한다.

> 리더십은 본질적으로 인간이 애쓰며 힘겹게 노력하는 과정이다. 이때 인간은 완벽하지 않고 결함이 있다는 것을 전제로 하며 그 과정은 지난한 분투struggle다.

이는 이 책에서 바운스 백을 말할 때 전제이기도 하다. 아울러 이렇게 분투하는 노력을 통해 리더는 배우고 성장한다. 완벽하지 않고 결함 많은 인간이라고 전제할 때, 비로소 리더는 인간을 제대로 깊게 이해할 수 있으며 나아가 용서와 힐링도 할 수 있다. 또한 인간이 사는 세상은 복잡하고 혼란과 불확실성으로 가득 찬 공간이므로, 리더십 역시 '있는 그대로의 리얼한 세상'에 그 뿌리가 있다는 점이 강조된다.

위의 리더십 정의에서 우리는 '리얼한 세상', '결함 많은 인간', '고생과 분투'라는 몇 가지 키워드를 뽑을 수 있다. 이것을 모두 연결해 짧게 정리하면 리더십은 '리얼한 세상에서 결함 많은 인간이 고생하는 분투'다. 이 세 가지를 모두 지닌 것이 리더의 삶이고 리얼 스토리다.

리더에게는 독특한 이야기가 있다

서로 교류가 전혀 없었지만 비슷한 시기에 같은 생각을 하는 것을 발견하고 놀란 적이 있을 것이다. 필자는 하워드 가드너의 《통찰과 포용》을 만났을 때 그러한 놀라움을 경험했다. 널리 알려진 것처럼 하버드 대학의 교육심리학과 교수인 그는 다중지능이론의 창시자다. 또한 리더십 이론의 지평을 대폭 넓힌 장본인이기도 하다. 이 책의 핵심 메시지는 이러하다.

> 리더들이 공통적으로 구비한 특징은 바로 독특한 '이야기'가 있다는 점이다. 나아가 리더는 훌륭한 이야기 전달자가 되어야 하며 자신의 삶에서 그 이야기를 실천하고 실현시키는 일이 대단히 중요하다. 리더의 이야기는 대중들이 충분히 받아들일 수 있을 정도로 간단하고 명료해야 한다.

리더에게 스토리가 중요하다는 가드너의 주장은 다음 세 가지로 요약된다.

① 리더에게는 자신만의 독특한 이야기가 있어야 한다.
② 리더는 그 이야기를 충분히 이해하고 그것을 효과적으로 전달하는 일을 해야 한다.

③ 마지막으로 리더 자신의 이야기를 삶 속에서 몸소 실천해야 한다.

필자가 말하고자 하는 바운스 백의 핵심 주장을 가드너 역시 똑같이 언급했다. 가드너는 세계의 리더들에게 유럽통합주의자 장 모네의 선언, "나는 모든 패배를 기회로 본다"를 마음의 양식으로 삼으라고 권했다. 또 그의 책에 등장하는 유명한 리더들 모두 '나름대로의 결함'을 지니고 있다고 주장했다. 마지막으로 리더들은 그들의 이야기와 삶에서 충분한 영감을 얻을 수 있어야 한다고 말했다.

리더십 연구의 세 가지 최신 트렌드

최근의 리더십 연구가 과거와 크게 달라진 점으로는 다음 세 가지를 들 수 있다. 이는 최근 10년 사이에 출간된 리더십 서적과 논문에서 뚜렷하게 드러나는 현상이기도 하다.

첫째, 시야가 더 넓어졌다. 과거에는 리더 개인의 자질이나 특성에 초점이 맞추어져 있었지만 오늘날은 '리더와 팔로워', '리더와 환경', '리더와 사회'처럼 상호관계와 상호작용을 더 이해하려는 방식으로 시야가 넓혀졌다.

둘째, 리더십의 발전 과정을 긴 흐름으로 파악하고 이해하려는 연구가 늘고 있다. 정적에서 동적으로, 순간에서 과정으로 초점이 변했다. 역동적이고 과정지향적으로 변하고 있다.

셋째, 인간적인 면을 더 이해하려고 한다. 리더 각 개인의 고유함을 더 깊게 이해하려는 시도가 늘고 있다. 마음, 감정, 스토리 등 개인의 내면을 들여다봄으로써 리더십을 더욱 깊이 이해하려는 노력으로 인해 인문학과 접점이 넓어지고 있다.

2012년 잡지 《Inc》는 '리더를 보는 13가지'라는 기사에서 최근에 자주 언급되는 리더십 이론 중 13가지를 추린 바 있다. 기사에서 처음 언급되는 리더의 유형이 '상황적응 리더Adaptive Leader'인데 이를 설파하는 리더십 이론이 '상황적응 리더십Adaptive Leadership'이다.

이 이론은 변화무쌍한 현실에서 새로운 도전을 통해 적응하는 과정에서 리더십이 계발된다는 데 집중한다. 마치 토인비의 역사 발전 이론처럼 '도전과 응전'을 통해 리더가 성장한다는 것이다. 현재 하버드 케네디 스쿨에서 리더십을 가르치는 하이페츠 교수가 주창하는 이론이다.

'상황적응 리더십' 이론은 최신 리더십 연구의 세 가지 동향을 여실히 보여주는 좋은 예다. 동적인 과정을 중시하며 리더와 환경 간의 상호작용에 집중한다. 또한 그 과정에서 리더의 인간적인 면을 종종 들여다본다. 한 가지 더, 리더의 도전과 적응 과정은 짧지 않은 여정이으로 리더십은 긴 여행길처럼 많은 굴곡을 통해 계발된다.

이처럼 최신 리더십은 '리더의 삶과 스토리, 여행 과정'에 주목한다. 여기서 나는 '바운스 백' 렌즈로 그것들을 살펴보면서 리더십의 스킬이 아니라 리더십의 본질과 대면하려 했고 이를 다음의 다섯 가지로 정리했다.

① 리더십은 목적지가 아닌 여행이다.
② 리더십은 미래와 현재의 끊임없는 대화다.
③ 리더십은 주변과의 활발한 상호작용이다.
④ 리더십은 지문처럼 자기만의 고유함이다.
⑤ 1-2-3 리더십

여행, 대화, 상호작용, 고유함, 삶. 이 단어들을 보면 그동안의 전통적인 리더십 정의와는 판이함을 알 수 있다. 새로운 리더십의 정의는 '인문학적 리더십 정의'라고도 말할 수 있겠다. 이 책이 인문학적 내용을 바탕으로 하고 있는 이유이기도 하다.

자, 이제 '새로운 리더십 다섯 마당'을 하나씩 자세히 살펴보자.

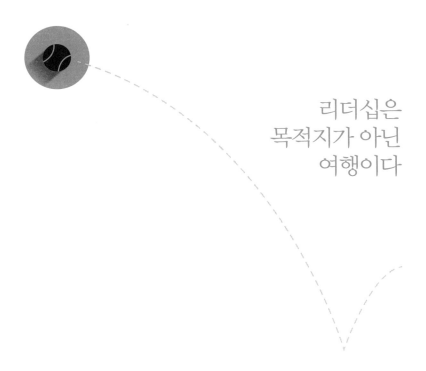

리더십은 목적지가 아닌 여행이다

《인생》이란 제목의 책이 있다. 빌리 그레이엄 목사가 쓴 것으로 원제를 찾아보니 '여행'이다. '여행'을 '인생'으로 번역했는데 읽을수록 참 잘된 '네이밍'이라고 감탄한다. 인생을 한 단어로 정의하는 표현들이 여럿 있지만 '여행'만큼 가슴에 금방 와 닿는 것도 없을 듯하다. 호모 비아트로Homo Viatro, 여행하는 인간이라 하지 않던가. 인생은 여행이고 그것도 아주 긴 여행이다. 그레이엄 목사는 아주 짧지만 명쾌한 문장으로 책을 시작한다.

삶은 여행이다.

리더십을 배우고 책을 읽으면서 필자의 기억에 오래 남는 표현이 있다. '리더십은 목적지가 아니라 여행이다Leadership is not a destination, but it is a journey'. 리더십은 점이 아니라 긴 선분이고 끝없이 이어지는 '지난한 과정이고 여정'이라는 것이다.

리더십 '여정'에서 승리하는 리더

필자가 가슴에 새기고 있는 문장이 있다. 이베이의 사장을 지낸 존 도나휴John Donahoe가 말한 다음 세 가지 문장이다.

- 리더십은 여행이다, 목적지가 아니라
- 리더십은 마라톤이다, 단거리 경주가 아니라
- 리더십은 과정이다, 결과물이 아니라

위의 짧은 세 가지 문장이 함축하는 메시지는 무엇일까?

우리의 인생과 비즈니스가 목표한 목적지에 도달하면 그것으로 끝나는 단순한 과정이 아니라는 것이다. 여행 과정을 떠올려 보라. 계획대로 되지 않는다. 변화무쌍하다. 계획대로 하는 것이 중요한 게 아니라 변화에 대응하는 것이 중요하며 그 결과 살아남느냐 아니냐가 결정된다. 변화에 대한 대응이 바로 역사이자 리더십이다.

여행은 기나긴 여정이며 그 여정 가운데 겪는 여러 과정들이 중요하다. 왜냐하면 우리는 그 여행 과정을 통해 성장하며, 그 과정의 끝에 결과를 자연스럽게 얻기 때문이다.

이 대목에 걸맞는 탁월한 리더 한 명을 소개하고자 한다. '신 다음의 위대한 리더'라고도 불리는 그는 전설적인 탐험가 '섀클턴 Ernest H. Shackleton'이다. 에베레스트 정상을 최초로 오른 힐러리 경은 이렇게 말한 바 있다. "재난이 일어나고 모든 희망이 사라졌을 때 무릎 꿇고 섀클턴의 리더십을 달라고 기도하라." 그런데 흥미로운 사실은 섀클턴은 그가 애초에 계획한 '목적지'에는 한 번도 도달하지 못했다는 것이다. 두 번의 남극 탐험 모두 실패했으며 그 이후에 벌인 여러 사업도 실패했다. 몇 년 뒤 그가 주도한 남극 대륙 횡단도 실패했다. 그러나 이 남극 횡단은 이른바 '성공보다 더 위대한 실패'로 불리며 그를 위대한 리더로 인정받게 했다.

백여 년 전인 1914년 12월, 남극권 관문인 사우스조지아 섬의 포경기지를 출발한 섀클턴의 '인듀어런스 호 탐험대'는 남극 대륙을 최초로 걸어서 횡단하겠다는 계획을 세웠다. 그러나 출항한 지 얼마 되지 않아 그의 배는 떠돌아다니는 얼음덩어리에 갇혔다. 때마침 기온이 급강하 하면서 배는 부빙과 함께 얼어붙었고 결국 침몰했다. 모두 배를 버리고 탈출할 수밖에 없었다.

부빙 위에 내린 스물여덟 명의 대원은 추위와 배고픔 그리고 죽음의 위협과 사투를 벌이는데 이때 섀클턴은 목표를 '남극 대륙 횡단'에서 '전원 생존'으로 급히 변경한다. 이들은 무려 2년 여의 사투 끝에 한 명의 낙오자 없이 전원 구출되는 대서사시를 쓰게 된다. '목적지 도착'이라는 관점에서 보면 실패했지만 '전원 생존 여정'에서는 대성공을 거둔 것이다.

이보다 약 1년 앞서 북극 탐험에 나섰던 캐나다 탐험대가 얼음에 갇히는 상황에서 몇 개월 만에 열한 명 전원이 비참한 종말을 맞이한 것과 대조되면서 섀클턴의 리더십은 더욱 빛을 발했다.

섀클턴의 리더십은 지금도 많은 교훈과 영감을 주고 있다. 하버드 비즈니스 스쿨의 역사가인 낸시 코엔Nancy Koehn은 역사 속 많은 사례를 기업 임원들과 MBA 학생들에게 가르쳤는데 가장 인기 있는 케이스가 바로 섀클턴의 사례라고 말한 바 있다.[32] 코엔은 또 《뉴욕타임스》에 기고한 글에서 끊임없이 변하는 환경과 갖은 시련 가운데 섀클턴이 보여준 리더십과 대응 능력은 실로 놀랍다고 밝혔다.[33] 섀클턴은 '목적지'가 아니라 '여정'에서 승리한 리더였다.

리더는 수많은 여행을 통해 단련된다

세계적인 디지털 마케팅 및 광고대행 전문 기업인 '오길비원OgilvyOne' 의 CEO인 브라이언 패더스토나Brian Fetherstonhaugh는 한 강연에서 이렇게 말했다.

인생의 커리어는 정말로 정말로 긴 여행이다.

앞에서 언급한 바 있는 하버드 대학의 빌 조지 교수 역시 그의 리더십 저서에서 리더로 거듭나는 과정을 여행으로 설명했다.[34] 그는 자신의 리더십 행로를 돌아보면서 아래와 같이 고백했다.

수년 전 어느 성당에 있는 미로를 걸었다. 미로는 바깥 원에서 시작되지만 길을 걷다 보면 목적지인 중앙에 금세 가까워진다. 하지만 중앙에 거의 도달했다 싶은 순간 길은 다시 바깥쪽으로 향한다. 이렇게 때론 중앙에서 가까워지기도 멀어지기도 하면서 주위를 맴돌게 된다.

이 미로는 재미있으면서도 큰 교훈을 준다. 길을 걷는 자체가 중요한 메시지를 전달한다. 때로 우리 인생에서 가장 중요한 교훈은 방향을 모르거나 사실상 후퇴하고 있다고 생각되는 순간에 나타난다. 이것이 내 리더십 여행의 행로였다.

내 인생 행로를 미로에 비유한다면 내 길이 중앙에서 점점 멀어질 때 나는 표지판도 없고 오아시스도 없는 '고비 사막에서 헤매고 있는' 느낌을 받았다. 때론 바위벽에 머리를 부딪치는 기분이 들기도 했다. 한마디로 힘든 나날이었다. 그러나 되돌아보면 중요한 교훈을 깨달은 순간이 바로 그때였다. 순전히 나중에 깨달은 것이지만 그런 어려운 시간이야말로 나의 발전과 차후의 성공에 있어 반드시 필요한 부분이었다. 하지만 끝없는 문제와 일에 파묻혀 있는 동안에는 그것을 깨닫기 어렵다. 진실한 리더가 되려면 때로는 고통과 시련 속에서 수년 간 자신을 단련해야 하며 풍부한 인생 경험에서 얻은 지혜도 필요하 다. 다시 말해, 우리는 미로와 같은 수많은 시련 속에서 진실한 리더 로 거듭날 수 있다.

인생과 비즈니스는 긴 여정이며 본래 계획대로 잘 되지 않아 플랜 B, 플랜 C로 가는 경우가 훨씬 많다. 그 속에서 우리는 배우며 계속 전진 한다. 겸손해지면서 두려움을 떨쳐나간다. 그 과정이 바로 바운스 백 이며 리더의 성장 과정이다. 종국적으로 삶의 이해가 깊어지고 스케 일이 커진다. 리더십을 긴 여정이라고 하는 이유도 이 때문이다.

파울로 코엘료의 장편소설 《연금술사》의 주인공 산티아고는 양 치기 청년으로 꿈을 좇아 사막을 여행한다. 여행 중 만난 연금술사 는 이렇게 말한다. "배움에는 행동을 통해 배우는 단 한 가지 방법이 있을 뿐이네. 그대가 알아야 할 모든 것들은 여행을 통해 다 배우지 않았나."

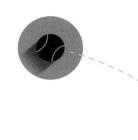

리더십은
미래와 현재의
끊임없는 대화다

리더가 쓰러지고 일어서는 바운스 백을 끊임없이 해야 하는 이유 중 하나는 미래의 어떤 목표를 향해 다른 사람들과 같이 가야하는 책무가 있기 때문이다. 리더에게 미래가 없다면 쓰러져서 일어날 이유도 없다.

리더십 전문가 존 맥스웰은《리더십 21가지 불변의 법칙》이라는 책에서 이렇게 인용한다.

리더는 다른 사람들이 보는 것보다 더 많이 보며, 다른 사람이 보는 것보다 더 멀리 보며, 다른 사람들이 보는 것보다 훨씬 빨리 본다.

리더가 하는 일은 '미래를 보며 비전을 만들고 현재에서 조직을 이끌어 나가는 것'이다. 끊임없이 앞을 보고 조직이 처한 현실을 점검하는, 즉 '미래와 현재의 끊임없는 대화'를 이끌어야 한다.

그래서일까. 리더십을 말할 때 '비전 만들기'와 '현실 파악하기'는 늘 강조된다. 최근의 리더십 이론에 따르면 비전 만들기를 'Visioning'으로, 현실 파악하기를 'Sensemaking'으로 명명하여, 리더가 가져야 할 핵심역량으로 정의하고 있다. 리더도 불완전한 인간인지라 이 역량들을 균형 있게 계발하기 위해 항상 노력하라고 권한다. 또 이 역량 간의 상호작용을 강조한다.[35]

그렇다면 과연 리더들은 미래를 잘 내다볼까? 흥미롭게도 수천 명의 리더를 조사한 연구에 따르면 리더들은 미래를 잘 내다 볼 줄 아는 선견지명의 소유자들이었다.[36]

당면한 문제만이 아니라 내일의 가능성까지 꿰뚫어 보는 사람들이었다. 그들은 시간의 장벽을 넘어 더 큰 기회를 보았고 어렴풋한 것을 명확하게 바꾸는 상상력을 발휘했다. 상상력을 통해 꿈, 희망, 목표를 비전으로 설정하고 다른 사람들과 소통하면서 그 비전을 같이 이루기 위해 현재에서 혁신과 실행을 주도했다. 이러한 과정이 바로 '미래와 현재와의 끊임없는 대화'다.

미래 비전과 현재 실행의 밸런스

그렇다면 리더는 미래 지향 혹은 현재 지향 업무에 각각 어느 정도 시간을 배분해야 할까? 이것은 아래 도식처럼 맡고 있는 역할에 따라 다르다. 전략적인 업무를 맡은 리더, 예컨대 CEO 혹은 임원들은 '미래를 지향하는 일'에 더 많은 시간을 보낸다. 반면 전술적인 역할을 맡은 경우에는 그 반대다.[37]

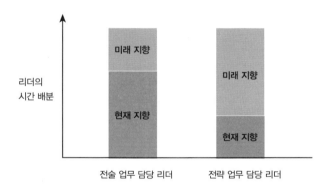

당신은 전체 시간 중 몇 퍼센트나 미래 지향 업무에 쏟고 있는가? 그 퍼센트가 낮다고 해서 당황할 필요는 없다. 고위 경영자들은 업무 시간의 3퍼센트 전후를 미래 지향 업무에 쏟는다는 연구가 있다. 위의 시간 배분 그래프를 만든 코제스는 이에 개탄을 금치 못한다. 조직의 미래를 좌우하는 고위급 경영진이라는 점에서 볼 때 이 수치는 너무 작기 때문이다. 그는 "모든 리더는 미래를 위한 일에 더 많은 시간을 투자해야 한다. 모든 리더는 미래주의자가 되기 위해 노력해야 한다. 미래는 리더의 영역이다"라고 강조한다.

경영학 '구루 중의 구루'인 피터 드러커도 미래를 내다보며 대비하는 것은 모든 CEO가 해야 할 일이라고 강조했다. 그리고 자신 역시 그 일을 지금까지 수행해왔다고 밝힌 바 있다. 1997년, 드러커는 잡지 《포브스》에 기고한 글에서 자신을 《파우스트》의 등장인물인 '린체우스'와 동일시하기도 했다.[38]

> 《파우스트》의 마지막 장에서, 전망탑 꼭대기에서 망을 보던 린체우스는 자기 자신을 소개하며 "보기 위해 태어났다는 것은 바깥을 내다보기만 하도록 운명 지어졌다는 뜻이야"라고 말한다. 그리고 저 멀리서 무슨 일이 일어나는지, 그리고 여기에 무엇이 곧 닥쳐오고 있는지 보고하기 시작했다.

이처럼 리더는 항상 깨어 있어야 한다. 현재에 머물러서는 안 된다. 다른 사람은 '카르페 디엠'을 외치며 현재를 즐길 수 있지만 리더는 그럴 수 없다. 리더가 현재에만 머무는 순간, 다시 말해 미래에서 눈을 떼는 그 순간 조직은 바로 무너진다.

마찬가지로 미래에만 머물러서도 안 된다. 리더는 깊은 산중에 사는 예언자가 아니다. 미래 비전만 던져 준다고 다른 사람이 그것을 대신 실행해주는 것은 더더욱 아니다. 리더는 '비전 제시'와 '실행', 이 두 가지를 동시에 이끌어 나가야 한다. 이를 위해 리더는 현실에 굳건히 서서 끊임없이 미래와 현재의 대화를 이어가야 한다.

"리더는 현재와 바람직한 미래 사이에 감추어진 틈을 발견하고 임시로 다리를 만들어 그 틈을 건넌다."[39]

그렇기에 리더는 한시도 방심할 수 없고 현재와 미래의 출입문 양쪽 모두를 지켜야 하는 '야누스' 신세다. 좋게 말해 '도전'이라 하지만 냉정하게 말하면 '멍에'다. 바운스 백 렌즈로 보면 본질적으로 리더는 '멍에'를 짊어진 고통스런 존재다.

첨언하자면 미래 비전을 만드는 일도, 현실에서 실행하는 일도 다른 사람들과 함께 해야 한다. 그래서 흔히 비전을 말할 때 '남과 함께 공유된 비전'이라 말한다. 또한 아무리 이미 공유된 비전일지라도 실행단계에서 사람들을 이끌려면 지속적으로 그들의 마음을 얻어야 한다. 그러려면 리더는 우선 구성원들을 알아야 하며 구성원들과 끊임없이 소통해야 한다. 이는 뒷장에서 자세히 살펴보겠다.

리더십은
주변과의 활발한
상호작용이다

바운스 백으로 탄탄해진 리더는 다르다. 인생과 비즈니스에서 고행을 겪고 시련과 역경을 헤쳐 나갔기에 타인의 아픔과 고통에 대해 깊이 공감한다. 역경지수가 높은 동시에 공감지수도 높다는 말이다. 그래서 주위의 다른 사람들과 늘 함께하며 끊임없이 상호작용을 한다. 비전을 만드는 일, 실행하는 일 등 모든 면에서 그러하다.

　"리더십은 듣는 것이 먼저다"라는 말이 있다. 그러나 다른 사람의 말은 듣지 않고 자기 말만 앞세우는 사람들은 '내가'로 시작하는 말을 끝도 없이 늘어놓는다. 이에 관한 흥미로운 연구가 리더십 필독서 중의 하나인《리더십 도전 The Leadership Challenge》[40]에 나온다.

우리는 수천 건의 리더십 베스트 사례를 검토한 후 누가 리더가 될지 안 될지를 판단할 수 있는 테스트 한 가지를 개발했다. 그 테스트는 대화 중 얼마나 '우리'라는 단어를 많이 사용하는가를 알아보는 것이다. 그리고 인터뷰를 통해서 밝혀진 사실은 이러했다.

모범 사례로 꼽히는 리더들은 '우리'라는 단어를 '나'라는 단어보다 세 배 이상 더 많이 사용했다. 휴렛 팩커드사의 앤지 임은 "이것은 마술이다. 그래서 '우리'라는 단어를 더 자주 사용하기를 추천한다"고 덧붙였다.

직원은 리더와의 깊은 개인적 관계를 원한다

같은 맥락에서 '나'와 '우리' 화법의 또 다른 좋은 예가 있다. 한 리더십 특강에서 미국 해병 대령은 다음과 같은 세 가지 짧은 문장을 예로 들었다.

A: 내가 일을 망쳤습니다. 내가 실수했습니다.

B: 그들이 훌륭한 일을 했습니다.

C: 우리가 그 일을 해냈습니다. 우리가 그 결과를 이뤘습니다.

어떤 차이가 있는가? '나' '그들' '우리'를 사용하는 때는 각각 어떻게 다른가? 답은 간단하다. 좋은 결과일 때는 '그들' '우리'로 말하고, 반대일 경우에는 '나'를 주어로 한다는 점이다. 즉 "실수는 내가 했고, 문제는 우리가 해결했습니다"라는 식이다.

21세기에는 더 이상 명령과 통제라는 전통적인 관리기법이 통하지 않는다. 대신 리더는 멤버들이 '우리'라는 소속감이 들도록 조직을 이끌어야 한다. 그렇다면 어떻게 해야 할까?

우선 리더는 멤버들을 잘 알아야 한다. 한발 나아가 서로 믿을 수 있는 관계도 형성해야 한다. 그렇기에 '리더십은 관계'다. 신뢰 관계가 형성되면 더욱 리더를 따르고 적극적으로 과업을 수행한다. 설령 리스크가 있더라도 도전하게 된다. 즉 조직이 살아서 움직이는 것이다.

하버드 대학의 빌 조지 교수는 그의 책에서 이 점에 대해 아주 분명하게 말한다.[41]

끈끈하고 지속적인 관계를 구축하는 능력은 리더의 특징 중 하나다. 그러나 대기업에서조차 전략과 조직 구조, 업무 프로세스를 규정하는 것으로 자기 책임을 다했다고 생각하는 리더가 많다. 대개 그런 리더는 일을 맡기고 어디론가 사라져서 나타나지 않기 마련이다.

21세기에는 이런 무관심 스타일로는 절대 성공할 수 없다. 오늘날의 직원들은 업무에 온 힘을 쏟기에 앞서 리더와의 깊은 개인적 관계를 요구한다. 솔직하고 깊은 관계에서 신뢰와 헌신이 나옴을 알기에 리더와 만나기를 원한다. 빌 게이츠와 마이클 델, 잭 웰치가 크게 성공한 이유도 직원들과 직접 관계를 맺고 그들에게서 깊은 헌신과 충성심을 얻어낸 데 있다.

《CEO 대통령의 7가지 리더십》에서 데이비드 거겐 교수는 이렇게 적고 있다. 리더십의 중심에는 리더와 추종자 사이의 관계가 있다. 사람들은 믿을 만하다고 생각되는 사람에게 꿈과 희망을 건다. 진실한 리더는 조직 내에서뿐만 아니라 사생활에서도 사람들과 신뢰 관계를 유지한다. 이런 관계의 열매는 유형일 수도 무형일 수도 있지만 오래 지속된다는 점에서 동일하다.

리더가 네트워킹을 통해 관계를 형성해야 할 대상은 다양하다. 단지 '팔로워'뿐만이 아니다. 동료, 다른 리더, 고객, 공급 업체, 지역 사회 등 많다. 하지만 결국은 사람들, 즉 '타자'다. 리더는 이처럼 타자들과 관계 형성을 위해 지속적인 노력을 한다. 그래서 리더십은 타자와의 끊임없는 상호 작용이다. 피터 드러커도 '사람과의 관계를 맺는 것을 CEO가 첫 번째 할 일'로 꼽는다. 드러커는 케이블 텔레비전 회사의 CEO 밥 버포드에게 다음과 같은 편지를 썼다.[42]

내가 강조했던 것처럼 귀하의 첫 번째 할 일은 (…) 사람과 관계되는 일입니다. 즉 사람과 관계를 맺고 상호 신뢰를 형성하고 사람들을 동등하게 대하고 공동체를 창조하는 일입니다. 그것은 측정될 수도 없고 혹은 쉽게 정의를 내릴 수도 없습니다. 그러나 그것은 오직 당신만이 수행할 수 있는 가장 핵심적인 일입니다.

리더가 상호 작용에서 주의해야 할 세 가지

타자와의 관계를 형성하는 상호작용에서 리더가 유의해야 할 세 가지가 있다.

첫째, 관계 형성하기는 단순한 네트워킹이 아니다. 명함만 돌린다고 되는 일이 아니다. 관계를 '의미 있게 형성'해야 한다. 특히 상호 간의 깊은 이해, 상호 존중에 바탕을 둔 신뢰가 '개인 대 개인'으로 뿌리내려야 한다. 하버드 대학 리더십 교수인 존 코터는 "훌륭한 리더는 시간의 60~80퍼센트를 관계 형성하기에 투자한다. 결국 사람이 가장 중요하며 이들과의 상호 존중, 신뢰가 바탕이 되어야 한다"고 강조한다.

둘째, 상호작용은 말 그대로 주고받는 양방향 소통이다. 그렇기 때문에 말하기와 듣기가 한 묶음이 되어야 한다. 이때 어느 한쪽으로 치우쳐서는 안 된다. '듣기 위한 질문Inquiry'과 '자신의 생각을 알리는 주장Advocacy', 이 두 가지가 밸런스를 이루어야 한다. 리더는 본질적으로 타자와의 관계에서 존재하는 사람이므로 당연히 늘 주위 사람들을 살피고 나아가 관계 형성을 위해 노력한다. 그 노력은 관심으로, 관심은 호기심으로, 호기심은 질문으로 외부에 표현된다. 이것이 리더의 자연스러운 '질문 사이클'이다. 그런 다음 상대방의 답변을 경청하는 게 리더의 기본이다.

질문과 경청, 이 두 가지는 리더십 상호작용의 첫 출발점이다. 그런 연후에 차차 자기 입장을 설명하면서 상대방과 밸런스를 완성해 나가는 것이 성숙한 리더의 모습이다. 그래야 신뢰가 쌓이고 제대로 된 관계가 만들어진다.

셋째, 리더는 타자와의 끊임없는 상호 작용 중에 '공감·연민 sympathy'을 가져야 한다. 'sympathy'는 본래 '고통'을 뜻하는 그리스어에서 유래하는데 '당신을 공감합니다'라는 말은 곧 '당신과 고통을 함께하겠습니다'라는 말이 된다. 시련과 역경을 바운스 백을 통해 극복하는 리더라면 타자의 고통을 함께 나누겠다는 각오가 필요하다. 그래야 고통을 덜어주기 위해 현실을 개혁하고 문제점을 해결하는 단계로 나아가게 된다. 즉 바운스 백 지평이 확장된다. 이것이 리더십이고 우리가 리더에게 기대하는 바가 아니던가? 하버드 대학의 빌 조지 교수는 이에 대해 아주 단호하게 다음과 같이 말한다.[43]

연민 없이 진실한 리더가 될 수 있을까? 절대 불가능하다. 행동에서 아무런 연민을 느낄 수 없는 리더가 상당히 많은데 그런 리더들은 절대 진실한 리더가 아니다. 인생길에서 가혹한 시련에 마주친 사람들에게 마음을 열고 연민을 느끼게 만드는 것은 바로 우리의 인생 경험이다. 그런데 너무도 많은 리더들이 인생에서 가장 쓰라린 순간을 보내고 있는 사람들을 외면한다. 대신 자신처럼 안정된 사람들하고만 어울리려고 한다. 그러다 보니 심지어 친구나 가족과도 소원하게 지내는 경우가 많다.

리더십을 힘이나 스킬로만 보던 때가 있었다. 주인공과 엑스트라 관계처럼 리더 중심의 일방통행이 그 기반이었다. 나머지는 다스림을 받는 대상에 불과했다.

현대에서의 리더십은 완전 다르다. 리더십은 관계이자 영향력이기에 리더와 구성원들은 상호 의존적이다. 서로가 서로에게 필요하며 서로에게 영향을 미치는 쌍방향 소통을 한다. 이것이 현대 리더십 본질 중의 하나다.

여기서 바운스 백 렌즈로 리더십을 보면 한 걸음 더 나아갈 수 있다. 쓰러지고 실패하는 가운데 바운스 백을 경험한 리더는 타인의 아픔을 훨씬 더 잘 공감하게 된다. 이런 공감 속에서 타인의 성공을 위해, 타인의 계발을 위해 전심전력하게 된다. 그래서 리더는 '다른 이의 성공을 통해서' 결과를 이루는 사람이라 정의하지 않는가.

이때 가장 필요한 것이 바로 타자와의, 주변과의 끊임없는 대화이며 상호 작용이다. 리더가 항상 열려 있어야 하는 이유다. 이처럼 리더십은 열림이며 바운스 백 역시 열림이다.

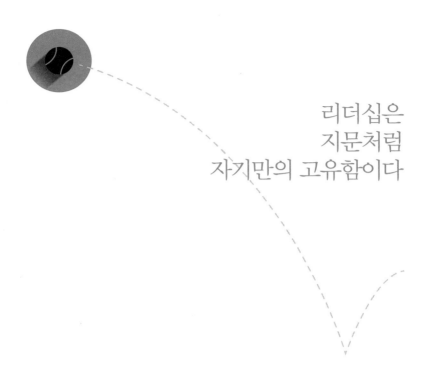

리더십은
지문처럼
자기만의 고유함이다

바운스 백을 거쳐 성공한 리더들은 모두 자기만의 스토리가 있다. 마치 지문이 다른 것처럼 리더십도 각각 고유하다. '진품의, 정통의, 고유한'이란 뜻을 지닌 영어 단어는 '오센틱 Authentic'이다. 자기만의 고유한 정통 리더십, 이것이 여기서 말하는 '오센틱 리더십'이다. 이 리더십을 주창한 빌 조지 하버드 대학 교수는 성공한 많은 리더들에게 이렇게 물었다.

무엇이 당신을 리더로 만들었으며 어떻게 당신만의 고유한 리더십을 계발할 수 있었는가?

수많은 인터뷰와 그들의 리더십 프로파일을 분석한 결과 한 가지 공통점이 도출되었다. 생각지 못한 의외의 결과였다. 리더들에게 가장 큰 동기를 부여한 것은 다름 아닌 그들 '자신의 고유한 인생 스토리'였다.[44] 여기에 바탕을 두고 개발된 것이 바로 빌 조지 교수의 '오센틱 리더십' 이론이다. 오센틱 리더십은 국내에서 진정한 리더십, 진성 리더십, 진품 리더십, 참된 리더십 등 여러 가지로 번역되고 있다. 성공한 다른 리더, 타인을 모방하지 않고 자신만의 진정하고 참된 리더십을 의미한다는 점에서는 모두 같다. 그러나 이 책은 빌 조지 교수가 강조하는 것처럼 리더들 자신만의 각기 고유한 스토리가 있다는 데 초점을 맞춰 '지문처럼 고유한 리더십'으로 말하고자 한다.

'오센틱 리더'의 인생 스토리는 얼굴만큼이나 각양각색이었고 배경 또한 다양했다. 주변 사람(부모, 교사, 코치, 멘토, 친구 등), 소속된 집단이나 사회, 각종 활동 등. 특히 인생의 위기, 예컨대 자기 자신 혹은 가족의 질병, 부모나 자녀, 형제자매의 사망, 해고 혹은 집단 따돌림 등 그들 나름의 '유니크'한 자기 인생 스토리가 있었다.

스타벅스는 창업자의 고유한 스토리가 만들었다

이러한 자기 인생 스토리를 빌 조지 교수는 이와 같이 표현했다.

리더로 태어나지 않았고

리더의 특성, 스타일이 따로 있다고 믿지 않으며

위대한 리더를 모방하지 않았다…….

리더십 저서 《진북》에서 그는 '리더들의 인생 스토리가 나중에 어떻게 리더십으로 연결되었는지'에 대해 여러 예를 보여주는데 스타벅스의 창업자 하워드 슐츠도 소개된다. 슐츠를 오센틱 리더로 키운 스토리, 시련과 역경을 극복한 방법은 무척 흥미롭다.

때는 1961년 겨울, 미국 뉴욕 브루클린. 일곱 살의 슐츠는 친구들과 눈싸움을 하고 있었다. 어머니가 작은 아파트 7층에서 소리쳤다. "하워드, 빨리 들어와. 아버지가 사고를 당했어." 이것이 그의 인생을 바꾸는 결정적인 계기가 될지 당시에는 아무도 몰랐다.

아버지는 눈길에 넘어져 다리 전체에 깁스를 한 채 거실에 누워 있었다. 슐츠의 아버지는 배달 기사였는데 다리가 부러져 더 이상 일을 할 수 없었다. 결국 아버지는 일자리를 잃었고 의료보험 역시 끝나버렸다. 임신 7개월이 된 어머니는 돈을 벌고 싶어도 도저히 밖으로 나갈 수 없었다. 도와줄 사람은 물론 기댈 언덕조차 하나 없었고 부부는 거의 매일 저녁 식탁에서 돈 때문에 말다툼을 벌였다. 빚쟁이에게서 전화가 오면 어머니는 슐츠에게 "집에 아무도 없다"고 말하라고 시켰다.

그때 슐츠는 맹세했다. 나중에 커서 회사를 만들면 모든 직원들에게 잘 대해주고 무엇보다 의료보험을 꼭 제공하리라고. 물론 그 누구도 훗날 슐츠가 20만 명의 직원을 둔 회사의 책임자가 되리라고 예상하지 못했다. 스타벅스 창업의 씨앗은 이렇게 뿌려졌다.

의료보험이 없어 고생했던 슐츠는 나중에 직원들에게 획기적인 의료보험을 제공한다. 스타벅스는 미국 역사상 최초로 주당 20시간 일하는 시간제 직원에게도 의료보험 혜택을 주었다. 슐츠의 말을 직접 들어보자.

> 그 일은 스타벅스의 문화와 가치에 직접 연결된 사건이었습니다. 저의 아버지가 근무했던 회사와는 완전히 다른 회사를 만들고 싶었습니다. 어떤 회사냐고요? 직원 모두가 존중 받는 회사입니다. 모든 직원이 출신, 피부 색깔, 학력에 상관없이 말입니다. 의료보험 제공은 아주 중요하고 의미 있는 일이었습니다. 저는 직원들의 복지가 매우 중요하다고 믿습니다. 주주들에게 주는 가치만큼 말이죠.

한편 슐츠는 자신의 과거, 지독히 가난하고 불행했던 시절에 대해 숨기지 않았다. 그것이 자신을 만든 위대한 스토리이기 때문이다. 하지만 그도 인정하듯이 그의 과거는 하루하루가 어려웠고 늘 두려움에 몸서리쳐야 했다. 그는 브루클린 출신임을 창피해 하지 않았다. "내가 브루클린에서 자랄 때 내 주위에는 정말로 힘들게 사는 사람이 많았습니다. 하루 벌어 하루 살고 희망도 전혀 없이 전혀 쉴 틈도 없는 그런 불쌍한 사람들 말입니다." 하지만 이러한 경험 덕에 슐츠는 다양한 배경을 가진 사람들과 잘 지낼 수 있는 능력을 자연스럽게 체득했다. 리더로서 큰 자산이었다. 그에게는 사람이 중심이고 사람이 비즈니스다. 인터뷰에서 슐츠는 이 점을 분명하게 말했다.[45]

> 우리 스타벅스는 '사람 비즈니스'입니다. 우리는 20만 명의 직원이 일하는 서비스 업체입니다. 그들을 통해 매일 수백만 명에게 커피를 제공하죠. 우리는 단순히 커피를 파는 게 아니라 경험을 제공하고 있습니다. 제가 돌아와 회사의 경쟁력을 되살리기 위해 한 것은 스타벅스의 기업문화와 가치, 그리고 직원들의 열정을 다시 회복시키는 일이었습니다.

어린 시절, 그의 엄마는 슐츠에게 미국에서는 어떤 일도 가능하다며 희망의 메시지를 전했다. 하지만 아버지를 보면 현실은 정반대였다. 아버지는 트럭운전사, 택시기사, 공장 노무자로 일했다. 생계를 꾸리려면 하나의 직업으로 부족해 두세 가지 일을 한꺼번에 해야만 했다. 슐츠는 아버지가 항상 입에 불만을 달고 살았다고 회고했다. 청소년기에는 아버지와의 관계가 최악이었다. 슐츠는 아버지의 실패한 인생이 너무 싫었고 인생의 치욕으로 여겼다. 그래서 아버지에게 종종 대들기도 했다.

아버지가 무능하고 그것밖에 안 되는지 정말 절망스러웠습니다. 아버지는 더 노력하면 될 텐데도 그러지 않았습니다.

슐츠는 그런 생활이 지긋지긋했고 마침내 운명으로부터 탈출하리라 굳게 결심했다. 유일한 탈출구는 스포츠였다. 경기장에서는 가난한 집의 불쌍한 아들이라는 딱지가 붙지 않았다. 그는 다행히 운동에 소질이 있었다. 고등학교 미식축구팀의 스타 쿼터백으로 맹활약했고 노던 미시간 대학에 장학금을 받고 들어갈 수 있었다. 온 집안 통틀어 최초의 대학 입학이었다. 그는 대학 졸업 후 제록스Xerox에서 첫 직장 생활을 시작했다. 하지만 제록스가 너무 관료적이고 딱딱하다고 느꼈다. 슐츠는 다른 길을 꿈꾸기 시작했다.

저는 새로운 곳을 찾아야 했습니다. 제가 원한 곳은 다름 아니라 나 자신이 내 삶을 개척하는 그런 오센틱Authentic 한 곳이었습니다.

그 후 커피 필터를 파는 회사로 자리를 옮겼다. 스타벅스와의 인연이 여기서 시작됐다. 시애틀의 작은 회사 스타벅스는 처음에는 슐츠의 고객이었다. 그는 "스타벅스를 알게 된 것은 마치 신대륙의 발견과 같이 느껴졌습니다"라고 말한 적이 있는데, 결국 스타벅스로 이직을 감행했다. 이때까지만 해도 스타벅스는 커피숍이 아니라 '커피 재료를 파는 회사'였다.

얼마 뒤 이탈리아 출장 중에 밀라노에서 커피숍의 새로운 가능성에 눈을 뜨게 되고 그 꿈을 이루기 위해 스타벅스를 인수했다. 단순히 커피만 파는 것이 아니라 새로운 '커피 문화'를 만들겠다는 꿈을 위해. 집과 직장이 아닌 '제3의 편안한 장소'를 창조하겠다는 그의 계획은 이렇게 시작되었다. 그런데 슐츠는 인생에서 가장 슬픈 일, 아버지의 죽음을 맞이하게 되었다. 언젠가 친구에게 아버지와의 힘들었던 지난날을 털어놓았을 때 친구는 이렇게 말했다.

슐츠, 만약에 너희 아버지가 사회에서 성공했더라면 네가 열심히 노력했을까? 아마도 지금처럼 성공하지 못했을 거야.

아버지가 죽은 후, 슐츠는 아버지를 다르게 생각했다. 아버지에게 그동안 보지 못한 장점들이 보이기 시작했다. 정직, 근면, 윤리 의식, 그리고 아무리 힘들어도 끝까지 가족들에게 바친 헌신 등. 한편으로는 아버지가 개인적으로 무능해서가 아니라 그럴 수밖에 없었던 '시스템'이 눈에 들어왔다. 슐츠는 고백했다.

아버지께서 돌아가신 후 저는 그동안 편견을 가지고 아버지를 대했다는 것을 깨닫게 되었습니다. 아버지는 자신이 존중받는, 그런 의미 있는 환경에서 성취할 기회를 전혀 가지지 못했던 것이죠.

이후 슐츠는 스타벅스 근무 시스템을 만들 때 직원들이 존중받는 환경에서 긍지와 성취감을 느낄 수 있도록 직접 나섰다. 근로임금을 최저 기준보다 더 많이 주고 복지 혜택을 늘리고 전 직원에게 스톡옵션을 제공했다. 이것이 차이를 만들었다. 그 결과 스타벅스의 이직률은 동종 업체 평균의 절반도 되지 않을만큼 매우 낮아졌다.

슐츠는 자신의 인생에서 꿈을 만들고 그 꿈을 이루어나갔다. 다른 사람의 꿈, 다른 사람이 알려준 리더십이 아니라 그의 인생 스토리가 이끄는 대로. 지문처럼 고유한 자기 인생 스토리가 꿈이고 리더십 교과서였다. 이것이 바로 '오센틱 리더십'이다.

나아가 슐츠의 '오센틱 리더십'은 타인의 삶을 깊숙이 이해할 수 있는 통찰력을 자연스레 키워주었다. 자신의 삶에 대한 성찰이 바탕에 깔려 있으므로 다른 사람들의 삶도 더 잘 이해하게 해주었다. 깊은 이해는 공감으로, 또 존경으로 나타난다. 2010년《하버드 비즈니스 리뷰》와의 인터뷰에서[46] 슐츠는 "나중에 어떤 흔적을 남기고 싶은가"라는 질문에 이렇게 답했다.

돈을 더 많이 벌거나 회사를 더 크게 만드는 것이 아닙니다. 리더로서 저는 한 가지를 강조했다는 흔적을 남기고 싶습니다. '사람들이 일하는 곳에서 존경받아야 한다'는 점을 강조했다고 말입니다.

당신에게는 지문처럼 고유한 리더십이 있는가? 자기만의 바운스백 경험과 스토리에서 나오는 꿈, 그리고 그 꿈을 실현하려는 치열한 도전. 이것이 차이를 만든다. 남의 이야기, 남의 꿈이 아니다.

이야기로 영감을 얻고
실행으로 미래를 열라

하워드 슐츠는 어릴 때의 시련과 역경을 통한 바운스 백 경험들을 반추하고 잘 꿰어서 자기 인생의 동력으로 삼았다. 스토리를 엮어서 리더십으로 만든 것이다. 그런데 이 글을 읽는 독자 중 누군가는 이런 의문을 가질 수도 있다.

'아니, 인생 스토리 없는 사람이 있나?'

'그런데 누구는 뛰어난 리더가 되고 누구는 그렇지 않을까?'

물론 스토리가 다는 아니다. 스토리는 스스로 힘을 발휘하지 않는다. 이것이 리더십으로 구현되기 위해서는 다음 세 단계를 거쳐야 한다.

먼저 구슬도 잘 꿰어야 보배가 되듯이 삶의 수많은 일들events과 사실들facts을 잘 '꿰어야' 한다. 그것들을 서로 연결하고 또 상황과 맥락 속에서 의미를 지닌 '내러티브 스토리narrative story'로 만들어야 한다. 이렇게 꿰는 것을 '리프레임reframe'이라고 하는데 원래의 뜻은 '재구성하다'이다. 한 가지 소재로 소설을 엮는 것처럼 작품이 되려면 재구성하는 과정이 필요하다. 이처럼 소재가 제대로 된 스토리로 탈바꿈하는 과정이 '리프레임'이다.

둘째 단계는 이렇게 만들어진 스토리가 사명이나 비전으로 연결되는 것이다. 스토리는 누구에게나 생기지만 사명과 비전으로 연결하는 것은 아무나 하는 것이 아니다. 하워드 슐츠는 어릴 적 의료보험이 없어 온 가족이 고생했던 일에서, 나중에 회사를 만들면 꼭 의료보험을 모든 직원에게 제공하리라는 자기 비전을 만들었다. 스토리가 꿈과 비전, 사명으로 살아 움직인 것이다. 이처럼 두 번째 단계를 거치면서 스토리는 출발 '모멘텀'을 만든다.

마지막 셋째 단계는 실행이다. 아무리 스토리가 많고 꿈과 비전으로 연결되어 있어도 현실에서 구현되지 않으면 아무 소용이 없지 않은가? 하워드 슐츠는 회사를 설립했고, 또 미국 최초로 시간제 직원을 포함한 모든 직원들에게 의료보험을 제공했다. 어릴 적의 사건이 자신의 고유한 스토리로, 비전으로 변했고 결국 실행함으로써 꿈을 이뤘다. 진정한 리더십이 발휘된 것이다. 이처럼 인생 경험과 그 스토리는 영감이 되고 열정이 되어 세상을 변화시킨다.

인생 스토리는 지금도 우리 머릿속에서 살아 움직인다. 특히 바운스 백처럼 인상적인 경험들은 마치 반복모드로 설정돼 계속 돌아가는 테이프처럼 머릿속에서 무한 반복된다. 스토리를 반추하면서 우리는 그 의미를 꾸준히 재해석한다. 마치 소설과 같이 과거, 현재, 미래를 넘나들면서 완성도 있는 작품으로 계속 탈바꿈되는 것이다.

저명한 리더십 전문가 워런 베니스Warren Bennis는 "당신은 당신 삶의 저자입니다"라고 말하며 '이야기'로 영감을 얻고 미래를 여는 것을 강조했다.

당신은 삶의 저자로서 준비가 되어 있는가? 과거 바운스 백 스토리들을 엮어 미래의 비전으로 탈바꿈시킬 수 있는가? 아울러 그것을 실행할 준비가 되어있는가? 영감, 열정, 비전을 만들 스토리는 어디에나 있다. 이 스토리를 꿰는 것이 차이를 만든다. 꿴 것을 실행하는 것이 리더십이다. 그래서 그 스토리가 리더의 삶에서 터닝 포인트가 되고 세상을 바꾼다.

1-2-3 리더십이란
무엇인가

어렵게 학교를 졸업하고 취직을 하게 되면 '승진 사다리'를 타고 쭉 올라가리라고 쉽게 생각하는 이들이 있다. 그리고 직급이 올라가면 리더십도 자연스레 같이 계발될 것이라 쉽게 믿는다. 다른 사람은 몰라도 자신만은 승진과 리더십 모두 일직선으로 상향될 것이라 소망한다. 빌 조지 교수도 마찬가지였다. 대학 졸업 후 취직하면 일직선처럼 조직의 최고위직까지 계속 승진하리라 믿었다. 그러나 현실은 그렇지 않았고 오히려 갖은 우여곡절을 겪었다. 오르락내리락하는 '업 앤 다운'의 바운스 백이 계속되었다.

그가 인터뷰에서 만난 성공한 리더들 역시 마찬가지였다. 인생은 굴곡졌고, 직장 경력과 승진에서도 오르락내리락했다. 이를 바탕으로 그는 인생길에서 리더십이 어떻게 계발되고 진행되는지 아래 그림처럼 그려볼 수 있었다.[47] 리더십은 '스트레이트'가 아니라 '곡선'처럼 계발된다.

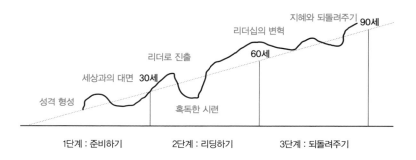

인생을 아흔 살로 상정하고 3단계로 나누니 각 단계는 30년이 된다. 단계별 특성을 아래와 같이 정리해보았다.

1단계 : 준비하기(0~30세)

인생의 첫 30년은 리더십을 계발하면서 준비하는 단계다. 서서히 세상과 만나면서 성격이 형성되는 때이기도 하다. 커리어를 일찍 시작했다면 주로 조직 밑바닥에서 '직원'으로 공헌하게 된다. 운 좋은 경우에는 조직을 이끄는 약간의 경험을 하기도 하지만 대개 아직 준비하는 단계다. 루카스 아트^{Lucas Art}의 전 대표인 랜디 코미사르^{Randy Komisar}는 이때를 일컬어 "세상과 대면하는 기회"라고 표현했다.

대학 진학이 보편화된 지금, 학업이나 군복무, 혹은 취업준비 등으로 인해 20대에 인생 커리어를 확정하는 경우는 아주 드물다. 빠르면 20대 후반에야 취업이든 다른 커리어든 진로가 확정된다.

이때는 준비하면서 세상을 배우고 흡수한다. 흡수는 아주 자연스러운 과정인데 10대와 20대의 계발은 이 흡수를 얼마나 잘하느냐에 달려 있다. 흡수하여 계발하고 계발하여 결과를 낸다. 가장 중요한 두 가지 인생 경로인 학교 진학과 취업이라는 10대, 20대의 행로가 결정된다. 하지만 그다음에는 무엇이 올까? 코미사르의 말은 정곡을 찌른다.

> 우리는 이때 목표만 세우면 인생의 성공이 일직선처럼 펼쳐지리라 기대합니다. 그러나 얼마 지나지 않아 깨닫게 됩니다. 인생은 복잡하며 목표조차 분명치 않고 흔들린다는 것을 말입니다. 그래서 목표를 새롭게 설정하려고 노력하지만 노력하면 할수록 혼란스러워지기도 하죠. 세상과 대면하면 할수록 점점 우리는 자기 자신을 알아나갑니다.

젊은 세대의 출발은 이처럼 덜컹거린다. 코미사르는 "인생은 당신이 컨트롤 할 수 있는 것이 아니다"라고 조언한다. 덧붙여 이 시기에 중요한 것 두 가지를 알려준다. 첫째는 인생을 멀리 보고 씨를 뿌리라는 것, 둘째는 "내 인생에서 나는 무엇을 진정 원하는가?"라는 질문을 계속 던지라는 것이다. 그러면 언젠가 그림이 나오고 이 두 가지의 지속적 실행 여부가 차이를 만든다고 말한다.

2단계: 리딩하기(31~60세)

리더십 여행의 두 번째 단계는 리더십이 본격적으로 빠르게 성장하는 과정이다. 성장을 거듭하며 인생을 성취하는 때이다. 외견상 보이는 지위와 부, 권력, 명예 모든 면에서 최고조에 달한다.

그러나 성장만큼 고난이 따른다. 성취와 고난은 동전의 양면과 같다. 성장이 크면 추락도 크다. 결정적인 실패나 혹독한 시련기도 온다. 가정 문제, 직장 문제, 자녀 문제, 재정 문제로 그야말로 '인생 바닥'을 경험한다.

그렇지만 바로 이때가 리더십의 결정적인 전환기다. 여기에서 '리더십의 변혁'이 일어난다. 난관을 극복하는 과정을 거쳐 바닥이 만들어지고 바닥이 굳어지면서 튕겨 올라온다. 회복도 탄력 있게 진행된다. '바운스 백' 하면서 결국 진정한 리더십으로 재탄생한다.

우리가 존경하는 리더들 역시 긴 인생에서 이 과정을 거쳤다. 이 과정에서 내공이 생기고 근육이 단련되면서 인생의 발판이 만들어진다. 또 다른 시련도 맞설 수 있는 담대함도 생긴다.

반대로 이러한 과정 없이 고속 승진으로 사다리에 오른 사람은 시련에 쉽게 무너지며 힘든 고난에 나가떨어진다. 경험도, 배짱도 없고 준비가 안 되었기 때문이다. 더 큰 문제는 그런 사람이 리더의 자리에 있을 때다. 피해가 전 조직의 모든 구성원에게 미친다.

앞의 그림을 다시 보면 2단계에서 크게 바닥을 치는 부분이 눈에 띈다. 일생을 90세로 봤을 때, 중간 정도인 40~50세 정도에 해당한다. '인생길 반 고비'다. 일찍이 단테가 《신곡》 서두에서 탄식한 바와 같다.

우리네 '인생길 반 고비'에
올바른 길을 잃고서, 나는
어두운 숲 속에 있었다.
아, 거칠고 사납던 이 숲이
어떠했노라 말하기가 너무 힘겨워.
생각만 하여도 몸서리쳐진다!
죽음 못지않게 쓸쓸했기에.

단테 역시 고향 피렌체에서 6인의 최고 행정위원 자리에까지 오르며 승승장구했으나 정치적으로 실각, 이후 처량한 유랑자 신세에서 《신곡》을 집필하기 시작했다. 그때가 42세였고, 집필 중에 사형

선고까지 받는 그야말로 인생의 바닥기였다.

톨스토이 역시 《참회록》에서 이같이 토로했다. 쉰 살 무렵, 그야말로 모든 것, 부·명예·체력·가족을 가졌으나 "나는 숲에서 길을 잃은 사람 같았으며 길을 잃어버린 채 공포에 사로 잡혀 헤매고 있다"고 고백했다.

3단계: 되돌려주기(61~90세)

2단계에서 성공, 좌절과 극복의 경험은 소중한 자산이다. 이 자산을 어떻게 쓸 것인가? 버릴 것인가, 썩힐 것인가, 쌓아둘 것인가?

수명은 점점 늘고 사회는 점점 더 고령화되고 있다. 고령화라고 하면 힘없는 불쌍한 노인이 떠올려지지만 빌 조지 교수는 이를 정반대로 규정한다. 수많은 인터뷰에서 미국의 리더들을 연구한 결과를 그는 이렇게 말한다.[48]

오늘날 인생의 마지막 30년은 리더에게 완전히 다른 의미로 여겨집니다. 과거와는 달리 이 시기가 리더들에게 어떻게 보면 가장 생산적인 때가 아닌가 합니다. 물론 얻는 것도 많고요. 많은 리더들이 자신의 경험을 다양한 곳에서 나누고 있습니다. 사업체에서, 봉사단체에서, 젊은 사람들에게 멘토링을 하면서요.

경험 나누기를 통해 사회에 되돌려주는 것이 이 시기의 핵심 모멘텀이다. 이를 행하려면 한 가지가 분명히 전제되어야 한다. 그것은 바로 '목적', 조금 더 거창하게 말하면 '사명'이다.

그래서 이 시기 리더십은 자기 안에 머무는 것이 아니라 '밖'을 향해야 한다. 다른 사람을 생각하고 자기의 경험을 바탕으로 남을 돕는다. 다른 사람에게 영감을 주고 영향력으로 좋은 변화를 이끈다. 뚜렷한 '목적'으로 '3단계: 되돌려주기'를 실행하는 것이다. 그러면서 '다른 사람'의 바운스 백을 돕는다. 즉 바운스 백의 지평이 넓어지는 것이다. 리더십의 지평이 넓어지고 리더십의 스케일 또한 다른 차원으로 커진다. 그 영향력은 동심원처럼 멀리 퍼져나간다.

앞의 그래프에서 3단계를 유심히 볼 필요가 있다. 리더십 곡선이 계속 우상향하고 있다. 3단계에서는 나이가 60을 넘어 70~80세로 가면서 직급이나 소득은 2단계 때보다 떨어질 것이다. 하지만 리더십의 지평과 스케일은 계속 늘어난다. 이것이 바로 리더십의 영향력이다.

1-2-3 리더십의 세 가지 메시지

1-2-3 리더십에서 우리는 다음 세 가지 메시지를 얻을 수 있다.

먼저 리더십의 여정을 길게 봐야 한다. 인생은 길고 리더십은 우여곡절을 거친다. 결국 바운스 백이 차이를 만든다. 일생을 3단계로 나누어 살펴볼 때 각각의 단계에서 리더십은 다른 모습을 띤다. 길게 보고 긴 호흡으로 나아가라.

둘째, 1-2-3 사이클의 타이밍과 진폭은 다양하다. 인생 전부를 3단계로 나누어 1-2-3 리더십을 설명했지만 1-2-3 리더십은 단기적으로도 적용 가능하다. 한 프로젝트에서, 매일매일, 한 달, 1년 동안 우리는 1-2-3처럼 오르락내리락한다. 초기 성과를 내고 잘나가다 추락하거나 바운스 백 하기도 한다. '1-2-3 사이클'은 이처럼 장단기에 모두 적용된다. 그때 위아래 '진폭'도 개인별 회사별로 모두 다를 것이다.

셋째, 40대와 50대여 긴장하고 준비하라! '인생 대바닥'이 온다! 끝으로 이런 메시지를 던지고 싶다. 긴 인생의 1-2-3 리더십 그래프를 보면 크게 한 번 추락하는 때가 있다. 나이로 보면 40~50대 정도가 되겠다. 한창 잘나갈 때 크게 떨어지는 추락을 경험하게 된다. 인생에서 가장 혹독한 빙하기, 광야의 시기가 오는 것이다.

경우에 따라서는 겪지 않을 수도, 반면 여러 번 겪을 수도 있다. 대바닥에서 바닥을 치고 바운스 백 할 수 있는 마인드와 내공을 갖추어라. 그러면 인생의 마지막 3단계에서 리더십을 꽃 피우지 않겠는가?

리더십의 긴 여정에서는 미래, 그리고 주위와 끊임없는 상호 작용을 하면서 바운스 백 한다. 인생 전체를 '1-2-3 리더십'으로 큰 그림을 그려보았다. '준비하기-리딩하기-되돌려주기'의 큰 세 가지 단계였다.

'1-2-3 리더십'은 인생 전체를 크게 볼 수 있게 해 주었고 그 속에서는 여러 굴곡들이 있다는 것을 알려주었다. 아울러 40~50대에 닥칠 인생 대바닥과 거기에서 우리가 얻을 리더십 변혁은 바운스 백을 통한 리더의 성장을 여실히 보여 준다. 그 가운데 리더는 눈이 트이게 되고 타인의 성장과 성공을 위해 더 넓게 생각하고 행동한다. 이는 바운스 백 렌즈로 리더십을 들여다 본 결과이며 우리가 얻는 큰 혜택이다.

"리더는 바다든 우주든 그 대상이 어떻게 바뀌든
   모험과 도전 속에 분투하는 오디세이아 인생이다.
   카타바시스, 아래로 내려가라
   메덴 아간, 어떤 것도 넘치지 말라
   메멘토 모리, 죽음을 기억하라."

인생은
오디세이아다

: 《오디세이아》와 《일리아스》로 보는 리더십 여정

오디세우스는
어떻게
이타카로 돌아오는가

"모든 위대한 문학작품은《일리아스》이거나《오디세이아》이다."[49]
- 1947년판 귀스타브 플로베르가 쓴《부바르와 페퀴세》에 레몽 크노가 붙인
서문에서

바운스 백은 쓰러지고 실패하는 불완전한 인간의 분투와 그 회복 과정이다. 이는 인문학이 탐구하는 핵심 주제이기도 하다. 때문에 우리는 바운스 백을 잘 말해주는 고전, 말하자면 그 원조를 만나 바운스 백에 대한 더 깊은 인문학적 성찰을 얻을 필요가 있다.

'여행과 분투' 모티프의 원조는《오디세이아》가 아니던가. 고대

그리스 시인 호머가 기원전 8세기에 쓴 대서사시 《오디세이아》는 《일리아스》와 함께 현존하는 가장 오래된 책이기도 하다. 또한 《오디세이아》는 실패하고 고통받는 리더의 분투 과정을 오롯이 보여주는 '바운스 백 교과서'이다.

우리가 앞서 리더십을 성공만이 아니라 '실패-회복-성장'이라는 바운스 백 관점에서 본 것과 같이 《오디세이아》를 들여다보면 리더의 긴 여정에서 무엇을 조심하고 어떻게 조직을 이끌어야 하는지 생생한 예를 통해 많은 메시지를 얻을 수 있다. 《오디세이아》는 리더들이 놓쳐서는 안될 지침서와 같은 책이다.

리더의 인생 여정은 간단치 않다

《오디세이아》의 줄거리는 이러하다. 그리스 작은 섬 이타카의 왕이었던 오디세우스는 그리스 연합군 일부로 트로이와의 전쟁에서 승리를 거둔다. 그 후 오디세우스는 기쁜 마음으로 귀국길에 나선다. 그러나 지척에 있는 고향으로 돌아오기까지는 무려 10여 년이 걸렸고, 그 세월은 난파와 해상표류로 인한 갖은 고생과 분투로 점철되었다. 우여곡절 끝에 고향 이타카에 도착했으나 다른 사단이 그를 기다리고 있었다. 그의 아내 페넬로페를 노리는 많은 구혼자들이 그의 궁전에서 방약무인하게 행동하고 있었지만 그의 아들 텔레마코스는 아직 어려 그런 구혼자들을 지켜볼 수밖에 없었다. 이런 상황에서 마침내 집으로 돌아온 오디세우스는 어떻게 할 것인가.

오디세우스의 인생 여정은 간단하지 않았다. 단순히 영웅 오디세우스가 고행 길을 뚫고 고향의 가족 품으로 돌아갔다는 식으로 이해한다면 우리가 이 책에서 얻을 수 있는 것은 많지 않다. 차차 살펴보겠지만 오디세우스는 복잡하고 다양한 인간상을 대표한다. 알베르트 망구엘은 이 점을 정확히 짚어준다.[50]

> 오디세우스는 사실 호메로스의 서사시에 등장하는 가장 복잡한 인물들 중 하나다. 《일리아스》에서 그는 신중하고 합리적인 전사다. 또한 유능한 외교관이었기에 아가멤논의 화해 요청을 아킬레우스에게 전할 수 있었으며 수사修辭의 달인이라 청중을 놀라게 하려면 언제 침묵해야 하는지도 아는 사람이었다.
>
> 그는 라에르테스에게 아들이고 텔레마코스에게는 아버지이며 페넬로페에게는 남편이고 칼립소에게는 연인이며 트로이를 포위한 그리스 전사들에게는 전우이며 이타카의 백성들에게는 왕이었다. 그는 많은 고난을 당하지만 지혜와 용기로 모든 것을 이겨냈다.

앞 장에서 '리더십은 긴 여정이다'고 한 것처럼 오디세우스의 인생 여정은 간단하지 않았고 그 역할도 무척 다양했다. 하지만 자세히 들여다보면 오디세우스를 둘러 싼 큰 사건의 전개에 따라 아래처럼 크게 3단계로 나눌 수 있다. 흥미롭게도 오디세우스는 그 3단계에서 다른 형태의 리더십 여정을 보여 주었고 이는 오늘날의 리더들도 참고할 만하다. 인생 여정의 각 단계 고비 때마다 어떻게 무엇을 해야 할지를 미리 알려주기 때문이다. 이 3단계 구분을 통해 우리는 바운스 백 관련, 리더십 관련 메시지를 살펴볼 것이다.

- 오디세우스 1.0 : 트로이 전쟁 10여 년 동안의 행적
- 오디세우스 2.0 : 트로이 전쟁이 끝난 후 고향 이타카에 도착하기 직전까지 약 10여 년간의 여정
- 오디세우스 3.0 : 고향 이타카에 도착하고 난 후의 이야기

이 중에서 오디세우스 2.0은 메시지가 풍성해 두 번으로 나누어 살펴볼 것이다.

오디세우스 1.0, 불완전하고 결함 많은 리더

오디세우스 1.0은 트로이 전쟁 10여 년 '동안'의 행적이다. 트로이 전쟁 10여 년 동안 오디세우스는 어땠을까? 이를 잘 그린 것이 호메로스의 다른 책 《일리아스》이다. 《일리아스》는 트로이 전쟁 중에 일어난 사건을 기술하고 있기 때문이다. 오디세우스 1.0을 위해 잠시

《일리아스》를 살펴보자.

《일리아스》를 보면 오디세우스는 무장武將보다는 소통, 설득, 연설의 대가로서 많은 활약을 보여준다. 그야말로 준비된 리더이며 특히 소통과 설득의 달인이다. 그는 트로이 전쟁의 여러 고비에서 뛰어난 소통력을 과시한다.

특히 《일리아스》 14권에서는 오디세우스와 그리스 연합군의 총사령관인 아가멤논과의 대립 장면이 선명하게 그려진다. 그리스군은 여러 도시의 군대가 모인 연합군이었는데 트로이 전쟁에서 패색이 짙어지자 아기멤논이 달아나야 한다고 주장한다. 그런데 오디세우스는 달랐다. 오히려 아가멤논의 경솔한 발언을 꾸짖고 다시 병사들을 설득해 전투를 계속하자고 이끈다. 이때 오디세우스의 직언은 단연 압권이다. 오디세우스는 야반도주라도 하자는 총사령관 아가멤논에게 이렇게 말한다.

무슨 말씀을 그렇게 함부로 하시오?
파멸을 초래할 자여! 그대는 우리를 다스리지 말았어야 할 것이오.
닥치시오! 누구든 그런 말은 아무도 입에 담지 않을 것이오.
나는 지금 그 말을 듣고 그대의 분별력을 의심하지 않을 수 없소.
만일 우리가 함선들을 바다로 끌어내리고 도망칠 구멍만 찾으면
우리는 전의를 잃고 말 것이오.
그때는 재앙을 초래할 것이오, 백성의 우두머리여!

오디세우스의 사자후에 총사령관 아가멤논은 즉시 자신의 말을 취소했다. 그만큼 오디세우스는 트로이군 내부에서 입지가 확실했다. 이미 두루두루 인정을 받고 있던 리더였다.

그렇다면 이토록 뛰어난 오디세우스의 시작은 어떠했을까? 우리가 주목해서 살펴볼 지점이다. 그의 시작은 초라함을 넘어 '찌질하기' 그지없었다. 사자후를 토하는 소통과 설득의 달인, 트로이 전쟁 승리의 주역과는 전혀 판판이었다. 트로이 전쟁 직전, 원정군을 모을 때였다.

이타카의 왕이었던 오디세우스는 트로이 원정을 권하는 사절단이 오자 '미친 사람' 행세를 했다. 이유는 매우 간단했다. 사랑하는 아내와 어린 아들을 두고 전쟁에 나가기 싫었기 때문이다. 사실 오디세우스는 이전에 자신의 입으로 결의한 맹세에 따라 무조건 그리스 연합군에 참여해야만 했다. 하지만 트로이 원정에 반드시 참가해야 하는 그는 왕이라는 신분에도 불구하고 미친 사람처럼 행세한 것이었다.

오디세우스 1.0의 시작 시점, 그의 신분은 한마디로 '병역 기피자'였다. '불완전하고 결함 있는 존재', 우리가 말하는 바운스 백의 전제, 바로 그 자체였다. 오디세우스의 시작은 이처럼 미약했으나 트로이 전쟁에 참가하게 되고 결국 승리의 주인공이 된다.

이것이 오디세우스 1.0이 오늘날 리더들에게 주는 메시지다. 지금 힘겹고 불완전하게 살 수 밖에 없는 지점에 있다하더라도, 바운스 백 관점에서 보면 그 시간 또한 지나간다. 오디세우스는 다운 사이클에서 '의지를 가지고 두려움을 떨치라'는 바운스 백 기초를 잘 발휘함으로써 다시 우뚝 설 수 있었다.

오디세이아 2.0, 죽음과 대면하다

오디세우스 2.0은 트로이 전쟁 승리 후 고향 이타카로 돌아오는 10여 년의 험난한 여정을 그리고 있다. 즉, 모험과 시련을 통해 단련되는 과정을 보여준다. 그토록 그리던 고향으로 돌아가는 일만 남겨둔 시점, 사랑하는 아내 페넬로페와 아들 텔레마코스가 기다리는 곳, 이타카. 10여 년의 전쟁을 버티게 해주고 승리의 목적이었던 고향집으로 귀환을 앞두고 있었다. 그의 마음은 이미 이타카에 가 있었다.

그러나 귀향길은 온갖 시련과 투쟁을 겪어야 하는 고생길이었고 이 길을 통과하는 데 무려 10년이라는 긴 세월이 걸렸다. 《오디세이아》는 이렇게 시작한다.

들려주소서, 여신이여! 트로이의 신성한 도시를 파괴한 뒤
많이도 떠돌아다녔던 임기응변에 능한 사람의 이야기를.
그는 수많은 도시들을 보았고 그들의 마음을 알았으며

바다에서는 자신의 목숨을 구하고 전우들을 귀향시키려다

마음속으로 고통을 당했습니다. 그토록 애썼건만 그는

전우들을 구하지 못했으니, 그들은 자신들의 못된 짓으로 말미암아

파멸하고 말았던 것입니다. (…)

갑작스런 파멸을 면한 다른 사람들은 모두

전쟁과 바다에서 벗어나 이제 집에 돌아와 있건만

귀향과 아내를 애타게 그리는 오디세우스만은

동굴 안에 붙들려 있네요. (…)

그러나 오디세우스는 고향 땅의 연기가 오르는 것이라도

보기를 열망하며 차라리 죽기를 바라고 있지요.

위에서 리더의 정의를 찾을 수 있는가? 이 책에서는 '고통당하며 애타게 자신의 목적을 추구하는 인간'이라고 말하고 있다. 그렇다면 오디세우스 2.0의 시기에서 우리는 바운스 백 렌즈를 통해 무엇을 볼 수 있을까? 두 가지로 생각할 수 있다.

우선 리더의 '일생 전체'를 놓고 보면 그 10여 년의 시기야말로 일생일대의 큰 역경을 통해 진정한 리더로 성장하는 시간이었다. 앞에서 기술한 '1-2-3 리더십'으로 말하면 2단계에 해당한다.

이 시기의 오디세우스는 갖은 고난과 역경을 겪는다. 외눈박이 거인과 사투를 벌이고 소용돌이와 태풍에 시달리고 여인의 유혹에 빠져 헤매기도 하며 먹을 것에 눈이 멀어 마법에 걸려 죽을 뻔하기도

하고 부하들을 잃는 지독한 아픔을 온몸으로 이겨낸다.

급기야 오디세우스는 하데스가 다스리는 지하세계까지 다녀오면서 그야말로 인생의 대바닥을 친다. 죽음과 대면하는 경험을 통해 남아 있는 생이 덤처럼 느껴지는 초월함까지 얻는다. 생이 덤인데 뭐가 두려울까? 이처럼 대바닥을 거쳐 재탄생하는 과정이 바로 오디세우스 2.0의 핵심이다. 지하세계를 다녀온 그를 보며 키르케는 이 점을 아주 정확하게 지적한다.

대담한 자들이여! 그대들은 살아서 하데스의 집으로 내려갔으니 다른 사람들은 모두 한 번 죽는데 그대들은 두 번 죽는 셈이네요.

얻으려는 자, 미래를 향해 도전하라

오디세우스 2.0의 두 번째 메시지는 10여 년의 모험 속으로 들어가보면 얻을 수 있다. 이때 우리는 많은 에피소드와 만나는데 특히 리더십 측면에서 다음 세 가지가 시사하는 바가 크다. 모두 고통과 시련을 극복해 나가는 분투 과정, 즉 바운스 백 과정에서 리더가 어떻게 단련되는지 잘 보여주는 예다. 로토스(마약처럼 먹으면 무기력하게 만드는 식물열매)를 먹는 종족과의 에피소드, 하데스(지하를 다스리는 신)가 다스리는 지하세계에까지 다녀온 일, 세이렌(노래로 유혹해 배를 난파시키는 요정. 사이렌 자매로 불리기도 함)과의 일화 등의 에피소드들이 주는 메시지를 하나하나 살펴보자.

첫째, 로토파고이족이 건넨 로토스는 꿀처럼 달아 이것을 먹은 오디세우스의 세 병사들은 무엇을 해야 하는지 모두 잊어버리고 계속 로토스만 찾았다. 그들은 귀향 따위는 잊어버린 채 로토스를 먹으며 로토파고이족 사이에만 머물고 싶어 했다. 결국 오디세우스는 울고불고하는 이들을 억지로 함선에 데려온 후 가두어 겨우 그곳을 벗어날 수 있었다. 로토스에는 현재의 편안함만 있을 뿐 다른 것은 전혀 존재하지 않는다. 비전, 목적, 미래 같은 것은 있을 수 없다. 비전과 목적 없이 현재의 안락함에 젖어 있는 개인과 당장 돈이 되는 비즈니스에 눈이 멀어 미래를 보지 못하는 회사가 이에 비유될 수 있다.

오디세우스는 난파한 뒤 표류하다 여신 칼립소가 다스리는 한 섬에서 무려 7년간이나 머물렀다. 그곳에는 모든 편안함이 있었지만 단 한 가지, '미래'가 없었다. 결국 오디세우스는 뗏목을 타고 그 섬을 떠나 고향을 향한다. 그 고향은 미래를 상징한다. '편안한 현재를 박차고 미래로 향하는 리더', 이것이 오디세우스 2.0이 주는 또 하나의 리더십 메시지다.

둘째, 어느 섬에서 마법의 여인 키르케에게 1년간 빠져 있던 오디세우스는 드디어 정신을 차리고 떠나게 해달라고 간청한다. 키르케는 한 가지 조건을 거는데 하데스가 살고 있는 지하세계를 다녀와야 한다는 것이다. 지하세계에 내려간 오디세우스는 여러 명의 혼백을 만나 대화를 나눈다. 그는 어머니, 아가멤논, 아킬레우스, 티티오스, 탄탈로스, 시지포스 등과 만난다. 티티오스는 독수리에게 뜯어 먹히고 있고 탄탈로스는 영원한 굶주림과 갈증에 시달리는 벌을 받고 있으며 시지포스는 둥근 바위를 굴려 올리지만 아무런 소용이 없다. 모두 영원한 고행 중에 있었다.

이 가운데 오디세우스는 아킬레우스를 만나자마자 "우리는 그대를 신처럼 추앙했고 지금은 그대가 이곳의 통치자이지 않습니까? 그대는 죽었다고 해서 슬퍼하지 마시오"라고 말한다. 아킬레우스는 이렇게 대꾸한다.

> 오디세우스여! 죽음에 대해 그럴싸하게 말하지 마시오.
> 나는 세상을 떠난 사자들을 통치하느니
> 차라리 지상에서 머슴이 되고 싶소이다.
> 차라리 지상에서 가난한 사람 밑에서 품이라도 팔고 싶단 말이오.

천하의 아킬레우스가 한 말이다. 죽어서 왕이 되느니 살아서 머슴이 되는 편이 낫다는 그리스인의 현세주의를 나타내는 예로 종종 인용되는 문구이기도 하다. 어쨌든 살아야 하는 이유를 말해주는 대목이다.

그리스인은 늘 '탁월함'을 추구했는데 그렇게 할 수 없는 경우를 '지옥'이라고 했다.[51] 즉 지옥은 불구덩이 속에서 고통받는 것이 아니라 '아무 것도 성취할 수 없는 존재가 되는 것'을 뜻했다. '현실 세계'라 하더라도 희망과 열정이 없다면 그게 바로 '지옥'이었다.

지하세계를 다녀온 오디세우스는 현실에서 열심히 살아야겠다는 각오를 다진다. 이것이 우리가 얻는 리더십 메시지다. "아직 살아 있지 않은가! 지금 있는 자리에서 희망을 가지고 열정으로 일하라."

셋째, 세이렌 에피소드는 아름다운 노래로 유혹해 배를 난파시켜 사람들을 죽이는 자매 이야기다. 어떤 노래, 내용이기에 정신이 팔려 죽음에까지 이르게 했을까?《오디세이아》12권에서 세이렌 자매는 이런 말로 사람들을 유혹한다.

> 우리 입에서 나오는 감미롭게 울리는 목소리를 들으면
> 그 사람은 즐긴 다음 유식해져서 돌아가지요.
> 우리는 넓은 트로이에서 아르고스인들과 트로이인들이
> 겪었던 모든 고통을 다 알고 있으며
> 풍요한 대지 위에서 일어나는 일은 무엇이든 다 알고 있으니까요.

이만하면 혹할 만하지 않은가? 유식함 즉 '지식'을 주고 '과거'를 알려주고 '미래'를 보여준다니, 그것도 아름다운 여인이 아름다운 목소리로.

오디세우스는 지적 호기심이 많은 사람이었다. 그는 사고하는 영웅으로서 미지의 세계를 갈망하는 자였다.[52] 여기서 갈등이 시작된

다. 가까이 가서 그 노래를 듣고 싶지만 그렇게 하면 배가 난파당하는 딜레마에 봉착하게 된다. 영민한 오디세우스는 어떻게 대처했을까? 오디세우스의 해법은 간단하지만 명쾌했다. 딜레마를 모두 해결할 기가 막힌 아이디어를 내놓았다. 먼저 자신을 제외한 모든 부하들의 귀에 밀랍을 발라 넣어 노래를 듣지 못하게 했다. 이렇게 그 자신의 지적 호기심은 채워졌다. 대신 자기 몸을 돛대에 묶고 만약 그 노래를 듣고 풀어달라고 할 경우 오히려 밧줄로 더 꽁꽁 묶으라고 명령해 마침내 무사히 그 지역을 통과했다.

세이렌 자매 에피소드에서 우리는 특히 조직에서 유용한 바운스 백 실행 방법 세 가지를 얻을 수 있다.

리더의 도전정신. 오디세우스는 자기 귀에는 밀랍을 봉하지 않고 그 노래를 듣는 '리스크 테이킹'을 함으로써 새로운 경험, 새로운 지식에 도전했다. 리더 스스로 위험 부담을 안았고 또 돛대에 묶인 채 온몸으로 실행했다. 그리고 팀워크도 훌륭했다. 노래는 리더가 듣고 배는 부하들이 맡는 등 역할 분담이 명확했다. 이른바 R&R^{Role &} ^{Responsibility}(역할과 책임)이 확실했다. 마지막으로 리더와 팀원 간의 신뢰. 리더인 오디세우스는 자기 몸을 돛대에 묶으라 하고 배의 모든 지휘권을 부하들에게 넘긴다. 믿음이 없으면 불가능한 일이다. 직원들을 믿고 지휘권, 즉 전권을 준 것이다.

트로이 전쟁 승리 후 화려하게 출발했던 오디세우스 2.0은 이처럼 고행 길이었다. 10여 년 동안 갖은 고초를 겪은 다음의 끝은 어땠을까? 역시 보잘 것 없었다. 그는 혼자만 겨우 목숨을 부지한 채 너무나 초라하게 고향 이타카로 돌아왔다. 금의환향을 꿈꾸며 시작한 여정, 계획과는 전혀 다른 상황이었다. 인생은 계속되는 오르막 내리막 길이다.

오디세우스 3.0, 끝은 다시 새로운 도전의 시작이다

이타카의 왕이 20여 년 만에 드디어 꿈에 그리던 집으로 돌아왔다. 사랑하는 아내 페넬로페와 아들 텔레마코스가 있는 곳. 트로이 전쟁 10년, 귀향길 10년을 버티게 해준 유일한 삶의 목적, 귀향이 실현된 것이다. 그래서 망구엘은 이 순간을 오디세이아에서 가장 극적인 순간이라고 묘사한 바 있다.[53]

이처럼 왕의 귀향은 대단히 극적이었으나 오디세우스는 너무 초라했고 가족들조차 만나 볼 수 없었다. 그의 고향집은 이미 100여 명이 넘는 무례하고 욕심 많은 사람들이 차지하고 있었기 때문이었다. 이들은 오디세우스가 없는 틈을 타, 그의 아내 페넬로페와 결혼하기 위해 그의 집을 점령하고 있던 구혼자들이었다.

산 넘어 산, 오디세우스 3.0이 바로 그 신세였다. 이타카로 돌아온 오디세우스가 처음 한 일은 거지 변장이었다. 거지로 변장한 그는 사정을 알기 위해 자기 집으로 가기 전 돼지치기를 만나 상황을 물어보았다.

거지로 분장해 집으로 들어간 그를 알아본 사람은 아무도 없었다. 유일하게 그를 알아본 것은 그가 기르던 개, 아르고스였다. 아르고스도 오디세우스를 본 직후 수명이 다해 죽었는데 그처럼 많은 세월이 흘러 있었다. 불쌍한 오디세우스는 식사를 구걸하며 구혼자들과 하녀들에게 온갖 모욕까지 당한다.

참담한 신세에도 그는 복수를 꿈꾸며 전혀 위축되지 않았다. 말 그대로 산전수전을 다 겪은 오디세우스는 아들 텔레마코스를 남몰래 만나 부자상봉을 하고 구혼자들을 물리칠 계획을 세웠다. 그는 구혼자들을 모두 응징하고 사랑하는 아내 페넬로페와 해피엔딩을 맞는다.

오디세우스 1.0과 2.0에서 단련된 그는 어떠한 시련도 이길 수 있는 역량이 있었고 실제로 그것을 증명한 것이 오디세우스 3.0이다. 하데스의 지하세계까지 다녀온 그는 결국 고통과 시련을 이겨내고 바운스 백을 경험한 리더의 강력한 실행력을 여실히 보여주었다.

우리가 오디세우스 3.0에서 얻을 수 있는 마지막 메시지는 '최종 목적이 달성되더라도 안주할 수 없다'는 것이다. 꿈에도 그리던 20여 년 만의 귀향이 이루어졌지만 또 다른 도전이 기다리고 있었고 그 도전은 20여 년의 고행길에서 전혀 상상도 못하던 것이다. 끝은 끝이 아니라 새로운 도전의 시작일 뿐이었다. 이것이 인생이고 사회생활 아니던가?

《오디세이아》와 관련해 다음의 짧은 세 단어는 시련과 고통에도 바운스 백 하면서 힘차게 살아가는 모든 리더들에게 새로운 매시지를 던진다.

> 카타바시스 katabasis — 아래로 내려가라[54]
> 메덴 아간 Meden agan — 어떤 것도 넘치지 말라[55]
> 메멘토 모리 Memento mori — 죽음을 기억하라

과유불급을 명심하며 오만에 빠지지 않도록 항상 '죽음'을 되새기라는 뜻이다. 영화 〈쿼바디스〉의 장군 마커스 비니키우스 개선식에서 장군 뒤에 바짝 붙은 한 사람이 계속 외치는 말이 바로 메멘토 모리다.

그런데 왜 이토록 인간에게 오만을 경계하고 아래로 내려가라고 계속 강조해야 하는 걸까? 이에 대한 답을 다음 장에서 구하고자 한다.

《일리아스》로 읽는
인간의 밑바닥

"왜 리더들이 '자만과 탐욕, 현실을 무시한 아집' 때문에 무너질까?"

필자는 앞서 겸손과 의지의 중요성을 여러 번 강조했다. 이에 대한 답을 찾아야 바운스 백의 주체인 인간과 리더를 제대로 더 깊게 이해할 수 있기 때문이다.

필자는 호머의 《오디세이아》를 연구하면서 호머의 또 다른 책 《일리아스》를 만날 수 있었다. 처음에는 바운스 백 교과서인 《오디세이아》를 더 잘 이해하기 위한 보조 자료로 쓰기 위해 접했지만 《일리아스》는 그 이상에 달하는 인간의 본질을 뛰어나게 보여주는 고전이었다.

핵심부터 말하자면 《일리아스》는 인간 심리의 가장 밑바닥에 있는 '자기 것'에 대한 집착, '자기 생각'에 대한 고집, 이 두 가지를 날 것 그대로 보여준다. 실제로 인간·사회·정치·경제 문제의 근본 요인을 파고들면 대개 이 두 가지가 원인인 경우가 많다. 이 책에 등장하는 많은 리더들이 자만과 탐욕에 빠지는 근본 이유도 알고 보면 바로 그 때문이었다.

《일리아스》가 주는 메시지를 다음과 같이 세 가지로 정리해 보았다.

최고의 전사 아킬레우스가 전투를 거부한 이유

이 책의 도입부에서는 그리스 군의 최고 전사인 아킬레우스를 이렇게 묘사한다.

> 노래하소서, 여신이여! 펠레우스의 아들 아킬레우스의 분노를,
>
> 아카이오이족에게 헤아릴 수 없이 많은 고통을 가져다주었으며,
>
> 숱한 영웅들의 굳센 혼백들을 하데스에게 보내고,
>
> 그들 자신은 개들과 온갖 새들의 먹이가 되게 한
>
> 그 잔혹한 분노를!

《일리아스》의 모티프는 단 한 가지, 주인공 아킬레우스의 분노다.

그는 왜 분노했을까? 바로 전리품 분배 문제 때문이었다. 다른 높은 자가 '그것'을 차지하고 공을 세운 최고 전사인 아킬레우스는 원하는 것을 가지지 못했기 때문이다. '불공평함'에 대한 끓어오르는 분노가 위의 글에서 표현된 것이다.[56]

사건의 발단은 단순했다. 그리스군 총사령관이었던 아가멤논이 아킬레우스의 여자인 '브리세이스'를 차지하겠다고 선언하자 아킬레우스는 심한 모욕감에 분노를 느끼고 전투를 거부한다. 한 번 마음이 크게 상한 아킬레우스는 이후 그 어떤 설득, 제안, 회유에도 꿈쩍 않는다. 단순히 여자를 둘러싼 문제처럼 보이지만 결국 전리품의 배분에 관한 싸움이었다.

당시 아킬레우스는 최고의 전사였지만 최고사령관은 아니었다. 그 자리는 아가멤논이 차지하고 있었다. 트로이와의 여러 전투에서 아킬레우스는 최고의 전사로 앞장 서서 수많은 전공을 세웠지만 아가멤논은 전투에 참여하지 않았음에도 아킬레우스를 제치고 가장 좋은 전리품을 먼저 가져갔다. 한두 번이 아니었던 이런 상황으로 인해 아킬레우스의 불만은 높아져만 갔다. 그러던 중 아가멤논은 또다시 아킬레우스가 전투에 이겨 차지한 여자, 브리세우스를 빼앗겠다고 나선다. 더는 참을 수 없었던 아킬레우스는 드디어 폭발한다. 아킬레우스는 더 이상 전투에 참여하지 않겠다는 보이콧 선언을 하기에 이른다. 아킬레우스의 거부로 10여 년에 걸친 지긋지긋한 전쟁이 또다시 수렁에 빠지게 된다.

앞서 말한 것처럼 아킬레우스의 분노가 《일리아스》의 모티브이지만 그에 숨겨진 요인을 파고들면 그 분노의 기원은 아가멤논의 '탐욕'이다. 아가멤논의 탐욕은 전리품을 더 차지하겠다는 과도한 욕심에서 비롯되었다. '자기 것'을 더 차지하겠다는 아가멤논과 '자기 것'을 빼앗긴 아킬레우스, 이들은 '자기 것'을 둘러싼 파워게임을 벌인 것이다. 그 결과 위급한 전쟁에서 최고의 전사가 전투를 거부하는 최악의 상황에 치닫게 되었다.

《일리아스》는 이처럼 적나라하게 '리더의 탐욕과 근본 원인'을 보여주고 있다. 또 리더가 탐욕을 부릴 때 어떤 문제가 야기되는지도 말해준다. 3천여 년 동안 많은 이들의 공감을 받으며 오늘날까지 여전히 최고의 고전으로서 읽히는 이유는 이 때문이 아닐까.

위와 같은 《일리아스》의 메시지는 우리가 일하고 있는 조직에도 적용할 수 있다. 전쟁과도 같은 직장 생활에서 혼신을 다해 일하는 많은 인재들 또한 아킬레우스와 차이가 없다. '자기 것' '자기 몫'이 적당하지 않다고 느낀다면 마찬가지로 인재들 또한 조직에서 마음이 떠나기 마련이다. 심리적 보이콧 상태에서 마지못해 일하거나, 심지어 이직에 이르는 결과도 생긴다. 인사 관련 전문 기업인 왓슨와이어트 사의 연구에 따르면 2000년대 중반 미국 기업의 평균 이직률은 19.3퍼센트였다. 그 요인을 조사했더니 첫 번째 원인은 '보상체계'에 대한 불만 때문이었다. 이들은 자기 몫에 대해 잘 보상해주는 회사로 이직했다.

조사 결과에서도 알 수 있듯이 우리는 조직에서 '자기 것'을 잘 분배 받는 것이 얼마나 중요한지 알 수 있다. 또한 리더의 입장에서도 성과를 낸 사람을 어떻게 대해야 하는지, 어떤 보상을 적용해보면 좋을지 생각해보는 계기를 마련해준다.

실망과 좌절에 빠진 직원들에게 바운스 백 계기를 마련해주고자 하는 리더라면 이를 점검해 보라. 그 좌절의 진짜 이유가 '자기 것'을 제대로 받지 못해 그런지는 아닌지. 혹은 인정받지 못해서가 아닌지.

'자기 생각'에 대한 고집

전투를 그토록 거부하던 아킬레우스는 다시 전투에 참가했을까? 알다시피 답은 예스. 그로써 그 유명한 '아킬레우스와 헥토르 간의 싸움'이 등장한다. 영화 〈트로이〉에서 아킬레우스 역을 맡았던 브래드 피트의 싸움이 바로 그 장면이다. 전투 참가를 그토록 완강히 거부하던 아킬레우스는 어떤 계기로 마음을 바꾸었을까? 회사로 보자면 업무를 거부하거나 소극적이던 최고의 인재가 어떻게 능동적이며 적극적으로 변하게 된 걸까?

그간의 사정을 좀 더 살펴보면 아킬레우스의 극적인 변화, 즉 '터닝 포인트'에 대해 제대로 이해할 수 있다.

《일리아스》 9권. 트로이군에게 패해 실의에 빠진 그리스군 진영에 필로스의 지혜로운 왕 네스토르가 상황 타개를 위한 제안을 한다. 아킬레우스를 다시 군대에 합류하도록 설득하자는 것. 이에 동의한 아가멤논은 아킬레우스의 옛 스승인 포이닉스, 아이아스, 오디세우스를 아킬레우스에게 보낸다. 아가멤논은 사과의 메시지는 물론 엄청난 선물 공세를 펼친다. 브리세이스를 돌려주겠다, 자신의 딸을 주겠다, 트로이의 일곱 도시를 주겠다는 아가멤논의 온갖 제의를 아킬레우스는 단박에 거절한다.

> 사실 나는 그자(아가멤논)가 하데스의 문만큼이나 밉소.
> 가슴속에 품고 있는 생각과 하는 말이 서로 다르기 때문이오.
> 아가멤논은 결코 나를 설득하지 못할 것이오.
> 다른 백성들도 마찬가지요. 쉬지 않고 계속 적군과
> 싸워봤자 고맙게 여기지도 않을 것이 뻔하니 말이오.
> 뒷전에 처져 있는 자나 열심히 싸우는 자나 똑같은 몫을 받고,
> 비겁한 자나 용감한 자나 똑같은 명예를 누리고 있소.
> 일하지 않은 자나 열심히 일하는 자나 죽기는 마찬가지오.
> 나는 언제나 목숨을 걸고 싸우느라 마음속으로 고통을 당했건만,
> 그것이 내게 무슨 소용이란 말이오.
> 모든 도시에서 보물을 수없이 노획해 와서
> 아가멤논에게 갖다 바치곤 했소.
> 그러면 그자는 뒤에 처져 있다가

그것을 받아 조금씩 나눠주고 대부분은 자기가 차지했소.

나를 시험하지 마시오. 나를 설득하지 못할 테니까.

나는 오히려 내 함선들을 띄우고 짐을 실을 작정이오.
나는 그자의 선물이 싫으며, 그자를 티끌만큼도
여기지 않소. 그자가 모래나 먼지만큼 많은 선물을 준다 해도,
마음 아프게 하는 모욕의 대가를 다 치르기 전에는
아가멤논은 결코 내 마음을 설득하지 못할 것이오.

다들 배 타고 떠나시도록 하시오.

그가 얼마나 분노하고 있는지 생생하게 느껴지지 않는가? 모두 필요 없고 고향으로 돌아가겠다는 것이다. 분노를 토한 아킬레우스는 속내를 모두 드러낸다. 앞서 살펴본 '자기 것'을 둘러싼 분배에 대한 불만을 터뜨리고 있다. 이토록 분노한 아킬레우스에게 터닝 포인트는 어떻게 찾아왔을까?

결론부터 말하면 그것은 선물 때문도 아가멤논의 사과 때문도 아니었다. 물질이 아니라 바로 그의 '마음'이 그를 변하게 했다. 절친 파트로클로스의 전사 소식을 들은 아킬레우스의 마음속에 차오른 노여움과 슬픔, 복수심이 그를 전투에 복귀시켰다.

여기서 우리가 얻는 메시지는 명확하다. 사람은 '자기 생각'이 만들어지면 그것을 고집한다. 그리고 잘 바뀌지 않는다. 따라서 조직에서는 직원들의 마음을 처음부터 얻는 것이 중요하다. 마음이 떠난 직원의 마음은 리더와 회사가 아무리 노력한다 해도 돌리기가 어렵다. 흔히들 생각과 패러다임을 바꾸라고 이야기하지만 그것은 그리 쉬운 일이 아니다. 오죽했으면 '패러다임'이란 말을 처음 쓴 토마스 쿤조차 패러다임이 바뀌는 과정은 '혁명적'이라 종교를 바꾸는 '개종'과도 같이 매우 힘들다고 설명할까.[57]

아킬레우스 역시 그러했다. 최고 책임자의 사과와 엄청난 선물에 눈도 깜박하지 않던 그가 친한 친구의 죽음으로써 변한 것이다.

성공을 원한다면 실패를 준비하라

《일리아스》에 나오는 장면 중에 애처롭기도 하고 비장하기도 한 장면 하나가 있다. 트로이의 왕자이자 트로이군의 대표 전사인 헥토르가 그의 아내인 안드로마케와 나누는 대화 장면이 제6권에 나온다. 그리스 연합군과의 전쟁에 출전하려는 헥토르를 안드로마케가 만류한다. 그가 다시는 집에 돌아오지 못하리라는 불길함에 휩싸였기 때문이다. 그의 손을 잡은 그녀는 싸움터로 돌아가지 말라고 눈물을 흘리며 애원한다. 헥토르는 가야 한다며, 그러지 않으면 도성의 모든 사람 앞에서 웃음거리가 될 것이라고 대꾸한다.

프로이트는 이 장면에 착안하여 이렇게 말했다.[58]

우리는 옛말을 다시 떠올린다. 평화를 원한다면 전쟁을 준비하라.

비장한 순간을 보면서 준비의 중요성을 언급한 것이다. 그리고 이렇게 덧붙였다.

이 시대에는 그것을 이렇게 바꾸는 것이 어울릴 것이다. 그대가 만약 삶을 원한다면 죽음을 준비하라.

이 말은 이 책의 주제, 바운스 백에 비추어 이렇게 바꿀 수 있다.

그대가 만약 성공을 원한다면 실패를 준비하라.

리더들이여 성공을 원하는가? 실패를 준비하라! 그래야 바운스 백 할 것이다. 이것이 《일리아스》에서 얻은 마지막 메시지다.

다시 앞의 질문으로 돌아가자. "왜 리더들이 오만과 탐욕에 빠져 나오지 못할까?"《일리아스》는 우리에게 그 답을 이렇게 말해준다. 자신의 현재 지위에 집착하고 자기 소유와 과거 성공에 매여 새로운 변화에 대한 준비를 하지 못하면 오만과 탐욕에 빠진다. 여기에 리더의 인간적 모순이 있다. 변화무쌍한 시대, 불확실성 시대, 실패의 시대에는 변화만이 살 길이지만 가장 변화하기 힘든 것이 바로 리더 자기 자신이다.

그렇다면 바운스 백 리더는 어떻게 해야 할까. 이 책은 실패한 이후 새로운 도전에 잘 적응할 수 있는 대응력이 필요하다고 계속 강조했다. 그 대응력에 들어 있어야 하는 요소로 다음 세 가지가 꼭 필요하다. 변화를 받아들일 수 있는 리더의 열린 마인드, 다름을 인정하는 다양성과 포용력, 언제든 실패를 준비하는 겸손이 바로 그것이다.

"리더는 역경에도 '불구하고'가 아니라,
역경을 '통해' 만들어지는 것이다.
잘나간다고 해서 오만할 수 없고,
바닥을 치고 있다 해서 기죽어 있을 수는 없다.
세상은 늘 변화하고 기회는 꼭 온다.
지금 당장 해보라. 실패해도 괜찮다.
우리에게는 바운스 백이 있다."

바운스 백,
어떻게 할 것인가?

: 바운스 백 실천과 적용을 위한 7원칙

제1원칙
"네 잘못이 아니야"

역경을 만날 때 어떻게 하면 잘 헤쳐 나올 수 있을까? 어떻게 하면 바닥에서 바운스 백 하여 다시 살아날 수 있을까? 그에 대한 구체적이고 실천적인 답이 다음의 7원칙이다.

1원칙: 네 잘못이 아니야!

2원칙: 모래사막을 건너게 해줄 내적 나침반을 가져라.

3원칙: 공자가 전하는 배짱의 철학을 인지하라.

4원칙: 마음을 보존하고 지켜라.

5원칙: 3F 중 하나라도 가져라.(3F = Family, Friend, Faith)

6원칙: 현장으로 나가 답을 구하라.

7원칙: 지금 바로 도전하라.

바닥을 치고 바운스 백 하는 과정은 대개 1원칙부터 순차적으로 진행된다. 마음을 가다듬고 구체적인 실행을 통해 역경에서 빠져나오는 순이다. 물론 이 7원칙은 번호 순대로 기계적으로 진행되지 않을 수도 있지만 1원칙을 시작으로 보고 7원칙을 마지막으로 보면 크게 틀리지는 않을 것이다.

이를 적용할 때 서두르지 않을 것을 권한다. 특히 시련과 역경의 한 가운데에 있을 때 이 모든 것을 한꺼번에 실행하려 한다면 바운스 백을 시작하기도 전에 지칠 수 있다. 그 경우에는 첫 번째 원칙인 "네 잘못이 아니야"만 우선 적용해보는 것도 좋은 방법이 될 것이다.

나아가 리더로서 주위의 다른 사람들을 도와줄 때도 위의 바운스 백 원칙을 적용할 수 있다. 예컨대 사회에 막 발을 들여놓으려는 학생들이나 미래의 리더들이 큰 시련에 미리 대비할 수 있도록 도울 수 있다. 하지만 시련과 역경을 겪은 후 이미 바닥을 치고 올라오는 사람에게는 상황에 맞는 한두 가지 원칙만 적용해 보아도 유용할 것이다. 이때 스스로 깨달아 행동할 수 있도록 지혜롭게 접근하기를 권한다. 결국 시련과 역경을 헤치고 나오는 주체는 바로 본인이기 때문이다. 만약 처음부터 바운스 백 실행이 잘 되지 않아도 실망하지 말라. 뛰어난 리더는 모두 수많은 시련과 역경으로 만들어졌음을 기억하라.

끝으로 조직에서는 바운스 백의 7원칙이 살아 숨 쉬는 '문화와 시스템'을 만들어야 한다. 이 글 뒤에 나오는 생생한 역사적 사례와 글로벌 기업의 다양한 예가 도움이 될 것이다.

네 잘못이 아니야, 다 잊어버려!

〈굿 윌 헌팅〉은 죽기 전에 꼭 봐야 할 영화로 종종 언급되는 작품이다. 이 영화의 주인공 윌은 MIT 대학의 청소부다. 고아로 세 번이나 파양돼 혼자 힘들게 자란 그는 가정폭력의 트라우마와 함께 버려지는 데 대한 상처와 두려움으로 마음을 늘 닫고 있다. 보스턴 남부 빈민가에서 동네 친구들과 몰려다니며 하루하루를 의미 없이 살아간다.

어느 날, MIT 수학교수가 어려운 수학 문제를 칠판에 적어놓고 그 문제를 푸는 학생을 수제자로 삼겠다고 공표한다. 얼마 뒤 누군가가 답을 적어놓는다. 확인해보니 정답이었고 누가 풀었는지에 관심이 모아졌다. 믿지 못할 일이 벌어졌다. 그 문제를 푼 사람은 바로 청소부 윌이었다. 학교 문턱에도 가본 적 없는 윌에게 한 가지 비상한 재주가 있었으니 바로 발군의 수학 실력이었다. 교수는 윌을 찾아 나선다.

월은 뜻밖에 경찰서에 있었다. 친구들과 몰려다니면서 폭력 사건에 연루돼 경찰서에 갇혀 있었던 것이다. 이미 전과가 있던 월은 교수의 노력으로 겨우 풀려난다. 교수는 두 가지 조건을 걸고 월을 보석으로 석방시켰다. 하나는 수학 문제 같이 풀기였으며 다른 하나는 정신과 치료 받기였다. 수학 문제 풀기는 그런대로 잘 진행되었다. 특히 그는 어려운 증명 문제를 쉽고 빠르게 풀어냈다. 어려운 것은 정신과 치료였다.

아무리 뛰어난 정신과 의사에게 진료를 받아도 소용이 없었다. 과거 버려졌다는 트라우마가 그를 붙잡고 놓아주지 않았다. 무려 다섯 명의 의사들이 포기하는 지경에 이르렀다. 또 우연히 사귄 여자 친구와도 문제가 생겼다. 월은 여자 친구가 언젠가는 떠날 거라고 미리 두려워하며 더 이상 마음의 문을 열지 못했고 결국 여자 친구는 떠나버렸다.

모든 것이 꽉 막혀 있는 힘든 그때, 월은 정신과 교수 숀 맥과이어를 만난다. 숀 교수 역시 처음에는 월의 마음을 열기가 쉽지 않았다. 하지만 월은 차츰 숀 교수가 전형적인 정신과 의사와는 다르다는 것을 알게 되면서 일종의 동질감을 느낀다. 그러나 거기까지였다. 마음의 문을 열어야 할 순간이 오면 어김없이 방어기제가 작동했다. 또다시 실패로 끝나려나 싶었는데 한 가지 결정적인 사건이 터진다.

약속된 심리 치료의 마지막 주. 별 진도가 없는 가운데 숀 교수의 사무실로 들어선 월은 벽에 걸린 그림에 관심을 보인다. 파도 치는 바다에 떠 있는 외로운 배는 숀 교수가 직접 그린 것이었다. 윌이 '호메로스의 오디세우스 배 같지 않냐'고 말한다. 마치 퍼펙트 스톰 한가운데 있는 것처럼. 이 그림은 두 사람 사이에 첫 공감대를 형성하는 데 크게 도움을 준다. 그 후 판사에게 제출할 보고서에 관해 대화를 나누던 중 윌은 어릴 때 의붓아버지에게 구타당하던 기억을 떠올린다. 의붓아버지는 혁대와 렌치(쇠로 만든 공구의 일종) 가운데 무엇으로 맞을지 고르라고 했었는데 그럴 때마다 윌은 렌치를 골랐다고 한다. 숀 교수가 왜냐고 묻자 윌은 즉시 대답한다. "빨리 끝내려고요."

윌이 가슴 깊숙이 새겨진 가장 아픈 기억을 토해내는 장면이다. 이때 숀 교수가 같은 말을 여러 번 반복한다. "네 잘못이 아니야!" 결국 윌은 그토록 참아왔던 울음을 터트리며 교수와 뜨거운 포옹을 한다. 극적 변화의 순간이 온 것이다. 4부에서 설명한 것처럼 '자기 생각'이 바뀌는 과정은 이토록 극적이다. 숀 교수는 "다 잊어버려!"라는 말을 마저 건넨다.

과거 지향적 사고에서 미래 지행적 사고로

인생의 큰 역경을 생각해보자. 대량 정리해고로 직장에서 쫓겨난 가장, 불경기 탓에 아무리 노력해도 취업이 안 되는 취업 준비생, 불의의 사고를 당한 피해자, 자녀 교육에 모든 것을 바쳤는데 원하는 결과를 얻지 못한 부모, 병마에 시달리는 환자 등. 이들에게 첫 번째로 건네야 할 말은 바로 "네 잘못이 아니야!"라는 위로가 아닐까? 이 말은 시련에 빠져 추락하고 있을 때 그 추락을 멈출 수 있는 최초의 브레이크, 추락 중 펴지는 낙하산 역할을 할 수 있다.

뿐만 아니라 "네 잘못이 아니야!"라는 이 짧은 말은 '바운스 백 계기'도 제공한다. 이 말이 어떻게 바운스 백의 터닝 포인트 역할을 하는지 좀 더 살펴보자.

사업에 실패하거나 회사에서 해고당한 경우 사람들은 대개 깊은 실망과 좌절, 공포, 후회 등에 휩싸인다. 그래서 과거를 돌아보고 '내가 왜 그랬을까?', '무엇이 원인이었을까?', '어떻게 하면 그 일이 일어나지 않았을까?'를 계속 생각한다. 이는 과거지향적인 사고로 원인만 계속 파고드는 수렁에 빠지게 만든다. 그러나 이러한 사고는 도움은커녕 자신을 더 괴롭히고 후회하게 만든다. 지나간 일은 바꿀 수도 제어할 수도 없지 않은가?

스톨츠 박사가 알려주는 팁은 이런 상황에 아주 유용하다. 그는 '역경지수 AQ'를 창안한 이래 역경을 극복할 수 있는 훈련 방식을 꾸준히 연구했다. 2010년 《하버드 비즈니스 리뷰》에 기고한 글에서 그는 역경으로부터 바운스 백 하기 위해 가장 중요한 것은 바로 '마음가짐을 바꾸는 일'이라고 강조했다. 이 방법을 아래 도식과 함께 살펴보자.

마인드 셋 전(before)	마인드 셋 후(after)
과거 지향	미래 지향
원인 지향	대응 지향
반성 위주	행동 위주

　스톨츠 박사는 시련에 부닥쳤을 때 "과거에 내가 왜 그랬을까? 무엇이 원인일까? 뭘 잘못했지?"라는 질문을 던지는 것에서 "오케이, 알았어. 그렇다면 이후에 내가 뭘 할 건데"로 마음가짐을 바꾸라는 것이다.

　이것이 역경을 이길 수 있는 첫걸음이다. 과거를 반복해서 돌아보고 '내가 왜 그랬을까?'라고 아파하기보다 과거의 그 일에 대해 '네 잘못이 아니다'라고 말해주면 아픈 과거가 '리셋'되는 것이다. 더불어 고통스러웠던 마음에서 빠져나올 수 있다. 미래로 나아갈 수 있는 바운스 백 전환점, 즉 터닝 포인트가 만들어지는 것이다.

　과거는 절대로 돌아갈 수도 컨트롤할 수도 없다. 시련이 왔을 때 반드시 물어보라. '내가 그 일을 컨트롤할 수 있었나?' '내가 대량 정리해고를 컨트롤할 수 있었을까?' '질병이나 사고를 컨트롤할 수 있었나?' '자식의 성적, 대학 입학을 컨트롤할 수 있었나?' 컨트롤할 수 없었다는 것은 책임이 없다는 뜻이다. "네 잘못이 아니야"는 "네 책임이 아니야"와 같은 말이다.

조화롭고 유쾌하게 통하게 하라, 충실함을 잃지 마라

오래전 장자 역시 이와 똑같은 가르침을 전했다.《장자》에는 수많은 비유와 이야기가 나온다. 특히 그중 내편 '덕충부'를 보면 여러 불구자들이 등장한다. 외발이, 곱사등, 천하의 못생긴 추남 등. 하지만 이들은 처지를 비관하기는커녕 누구보다도 안정되고 건강한 삶을 누렸다. 예컨대 추남 애태타에게는 남녀를 불문하고 사람들이 따랐다. 또 외발이 왕태는 형벌로 발 하나를 잘린 사람인데도 그를 따르는 사람이 공자의 추종자와 맞먹었다.

왜일까?《장자》의 답은 바로 〈굿 윌 헌팅〉의 대사와 별로 다르지 않다. "내 의지와 상관없이 생기는 문제 때문에 내적으로 큰 변화를 겪지 말라." 즉 내가 컨트롤하지 못한 일이니 신경 쓰지 말라는 것이다. 곧, 네 잘못이 아니라는 말이다. 장자는 예기치 못한 재난에 직면했을 때 왜 나에게 이런 일이 일어났는지, 내가 무엇을 잘못해서 이런 일을 겪어야 되는지 등을 따지는 것이 중요하지 않다고 말한다. 설령 따져서 답이 나온다고 해도 그 재난을 극복할 수 있는 것은 아니다. 장자가 우려하는 점은 이런 일들로 내적으로 상처를 받아 마음과 행동이 움츠러드는 것이다.

대신 장자는 이렇게 권한다. "어떤 일을 겪든 그것 때문에 조화의 능력을 어지럽혀서는 안 되고 마음에 담아서도 안 된다." 심리적인 동요를 겪지 말라는 말이다. 한걸음 더 나아가 실행과 시도를 추천

한다. "어떤 일을 겪든 조화롭고 유쾌하게 통하게 하라. 충실함을 잃지 마라. 무언가를 생성해내는 시도를 멈추지 마라." 즉 외부세계와의 접촉을 통해 새로운 변화 흐름을 만들어내라는 것이다.

비즈니스 세계에서는 어떨까? "네 잘못이 아니야"로 과거를 리셋하고 장자가 말한 '무언가를 생성해내는 시도'로 성공적으로 턴 어라운드한 기업이 있다. 코닝에 관한 이야기로 그 중심에는 회사를 거의 말아먹을 뻔하고도 CEO가 된 리더가 있다.

IT 버블이 터진 2000년대 초 코닝은 광섬유 사업에서 큰 타격을 입고 회사의 존립을 위협받는 위기에 몰렸다. 2001년에 100불이 넘던 주식은 졸지에 1불 수준으로 폭락했고, 거래 업체의 도산과 불황으로 적자가 55억불에 달했다. 그 이듬해인 2002년에는 사장이 새롭게 임명된다. 그런데 놀라운 일이 벌어졌다. 사장은 다름 아닌 광섬유 사업의 책임자였던 웬델 윅스. 회사에 위기를 초래한 바로 그 사업부의 수장이었다.

다른 회사 같았으면 목이 열 개라도 살아남기가 어려웠을 것이다. 당연히 불명예 퇴진이 불가피한 상황이었다. 하지만 코닝 회장은 예상을 깨고 윅스에게 책임을 묻기는커녕 회사를 살려보라며 사장 자리를 맡겼다. 즉, 코닝 회장은 윅스에게 제어할 수 없는 시장 상황으로 초래된 상황에 대해 "네 잘못이 아니야"를 적용한 것이었다.

실패를 용인받은 윅스는 코닝의 재건을 위해 혼신을 다했다. 회사와 시장을 속속들이 잘 알고 있고 성공과 실패의 경험을 모두 가진 윅스는 회사를 부활시키는 데 누구보다 유리했다. 과거를 리셋하고, 미래를 향한 다양한 시도를 펼쳐나갔다. 결과는 성공적이었다. 유리 소재를 가지고 개발한 LCD 기판 사업이 폭발적으로 성장하면서 그야말로 대박이 나고, 회사는 부활에 성공했다. 연이어 스마트 폰에 사용되는 고릴라 글라스도 압도적인 세계 1위의 시장점유율을 기록했다. 이처럼 화려한 부활에는 바로 실패를 딛고 일어선 리더, CEO 윅스의 바운스 백이 있었다.

회장으로 승진한 윅스는 자신의 실패를 용인해준 코닝의 문화에 대해 이렇게 담담히 이야기했다.[59]

"자신이 한 결정이 정당하고 현명한 방법으로 이뤄진 것이라면 미래가 예상과 다르더라도 그 결정 때문에 비난받지 않는다는 것이 우리의 사고방식입니다. 우리가 믿는 것은 실수를 통해 교훈을 얻은 사람은 반드시 다음에는 더 나아질 것이라는 사실이죠. 물론 우리는 완벽해야 하지만 열심히 일하고 우리의 가치를 지켜낸다면 실패도 괜찮다는 겁니다. 제가 아마 그 좋은 예가 될 겁니다."

바운스 백의 제1원칙은 "네 잘못이 아니야"다. 이를 통해 과거가 리셋되고 바운스 백할 수 있는 터닝 포인트가 마련된다. 동시에 상처받은 마음을 위로하고 치유한다. 그래서 어떠한 일이 있더라도 위축

되지 않고 새로운 시도를 과감히 펼쳐나갈 수 있게 된다. 그곳이 바로 바운스 백이 개시되는 첫 번째 지점이다.

과거 고도성장기에는 일자리도 성공의 기회도 많았다. '하면 된다'라는 정신으로 무장하고 노력하면 기회를 잡을 수 있었다. 개천에서 용이 나고 그 용이 한 집안과 그 일가를 일으켰다. 하지만 시대가 달라졌다. 지금은 저성장 시대이며 실패의 시대, 실패 도미노 시대다. 실패는 흔하고 누구나 실패한다. 이러한 시대변화에 대한 인식의 변화, 리더십 변화가 필요하다. 시대 탓을 하는 것이 아니라 시대를 정확히 알고 대처하자는 말이다.

실패의 시대를 사는 이들에게 "네 잘못이 아니야!"로 공감과 위로를 전하는 새로운 리더십이 요구된다. 이것이 바운스 백의 첫 번째 원칙이다.

제2원칙
모래사막을 건너게 해줄
내적 나침반

바운스 백에 있어 목적의 중요성을 뚜렷하게 보여주는 심리학의 기념비적인 저서가 있다. 홀로코스트의 생존자인 빅터 프랭클 Viktor Frankl 이 1946년에 출판한《삶의 의미를 찾아서 Man's Search for Meaning》다. 프랭클은 3년 동안 강제 수용소에 감금되어 고문 등 온갖 혹독한 고통을 받았다. 프랭클을 버티게 한 힘은 회고록을 쓰는 일이었다. 그는 아무런 목적 없이 단순히 생명 연장만을 바랐던 수감자들에 비해 '목적을 가진 수감자'들이 더 많이 살아남았음을 관찰했다. 나아가 목적과 의미가 불안장애에 대한 보호기제로 작용해 정신 건강을 증진시킨다는 통찰을 얻었다.[60]

또 다른 연구 역시 목적의 중요성을 잘 보여준다. 댄 매캐덤스는 세상을 긍정적으로 변화시키도록 노력하는 일련의 생산적인 사람들을 연구했다. 이들은 젊은이들을 양육하고 멘토링하는 일에 매우 헌신적이었다. 삶의 만족도가 높았으며 사회활동에 적극적이었다. 아울러 실패를 배움의 기회로 여기고 역경 뒤에는 바운스 백이 있을 것이라 확신했다. 이들은 모두 '목적의식이 강한' 사람들이었다.

여덟 명의 군인은 왜 목숨을 걸고 라이언 일병을 구했는가

목적은 평온한 시기에는 행복을, 고난의 시기에는 인내할 수 있는 바운스 백 능력을 부여한다. 또한 목적은 같은 목적을 가진 다른 사람들을 연결시켜주어 연대감을 낳는다. 목적을 가진 사람은 문제 해결에 집중하게 되고 지금껏 발휘하지 못한 재능과 능력, 해결책을 발견한다. 마침내 목표에 다가갈수록 성취감이 주는 전율을 느끼고, 어느 순간에는 심리학자 칙센트미하이가 '몰입'이라고 명명한 영감의 순간을 경험한다. 이렇듯 뚜렷한 목적의식을 갖고 하는 일은 열정, 만족감, 성취감과 행복을 안겨준다. 그러나 여기서 한 가지 주의할 점은 '목적'은 그때그때 이루고자 하는 단기적인 '목표'와는 다르다는 것이다. 목적은 더 장기적인 시각에서 지속적으로 추구하는 그무엇이다.

이와 같은 목적의 중요성을 잘 보여 주는 영화 중 하나가 톰 행크스가 주연한 영화 〈라이언 일병 구하기〉다. 줄거리는 대략 이러하다.

제2차 세계대전, 전사자 통보 업무 중에 우연히 한 집안의 삼형제가 전사한 사실이 발견된다. 참전한 네 형제 가운데 이미 세 명이 전사하고 막내 '제임스 라이언 일병'만이 프랑스 전선에 생존해 있음을 알게 된다.

'그를 구하라!' 이미 아들 셋을 잃은 라이언 부인을 위해 미 행정부는 매우 특별한 작전을 지시한다. 이 임무를 맡은 주인공 밀러 대위는 겨우 일곱 명의 대원으로 팀을 구성한다. 단 한 명을 위해 여덟 명이 위험을 감수해야 하는 상황에서 대원들은 혼란스러워한다. 하지만 지휘관으로서 작전을 책임지고 완수해야 하는 밀러 대위는 부하들을 설득해 결국 라이언 일병이 있다는 적진으로 향한다. 우여곡절 끝에 밀러 대위는 큰 부상을 입고 눈을 감지만 라이언 일병은 무사 귀환에 성공한다.

이 영화에서 가장 극적인 갈등은 '왜 여덟 명의 군인이 단 한 명의 군인을 구하려고 목숨을 걸어야 하는가?'에 답을 구하는 과정이다. 밀러 대위에게 일곱 병사가 계속해서 던진 질문이기도 하다. 특히 일곱 명의 병사 중 두 명이 죽자 흥분한 다섯 명의 병사들이 밀러 대위에게 달려든다. 부하들이 반항하는 그 절박한 상황에서 밀러 대위는 권위를 내세워 명령하지 않는다. 밀러 대위의 침착한 대응은 리더십 측면에서도 배울만 하다.

먼저 그는 '목적'을 상기시켰다. 밀러 대위는 병사들이 왜 이 일을 해야 하느냐고 물을 때 질문을 통해 스스로 답을 구하도록 했다. 이 것이 바로 '코칭의 기본'이다. 그래서 눈앞의 전투에만 몰입돼 큰 목 적을 잊고 있던 부하들에게 살아서 고향으로 돌아가야 한다는 깨달 음을 준다. 질문을 통해 목적을 환기시키고 부하 스스로 목적의식을 발휘하게 하는 리더십을 발휘한 것이다.

다음으로 밀러 대위는 병사들과 동질감을 형성했다. 밀러 대위는 자기 자신의 스토리를 말해줌으로써 부하들과 감정적인 일체감을 가졌고 이로써 강력한 '팀워크'가 만들어졌다. '나는 너희와 달라'가 아니라 '나도 너희와 똑같아'라는 메시지를 전달함으로써 '너=나=우 리'라는 팀워크 등식을 완성한 것이다.

마지막은 솔선수범이다. 밀러 대위는 목적을 상기시키고 자기 스 토리를 말한 후, 스스로 먼저 해야 할 일을 한다. 묵묵히 무기를 점검 하고 부하를 돌본다. 이것이 신뢰에 바탕을 둔 팀이 움직이는 모습 이다. 특히 밀러 대위는 집으로 살아 돌아가야 한다는 큰 목적을 '생 각'하는 방법에 대해 이렇게 말한다.

> 난 집으로 돌아가야 한다는 생각을 할 때, 집을 아주 구체적으로 떠 올려. 예를 들어 이렇게 말이야. 집 뒷마당 해먹에 누워 쉬는 모습, 내 장갑을 끼고 장미를 다듬는 아내…… 이런 식으로 구체적으로 생 각해.

이것이 바로 시각화다. 시각화는 이처럼 개인적이고 구체적일수록 더 좋다. 큰 목적이 달성되었을 때 '그것이 나에게 뭐가 좋은지'를 알아야 마음이 더 쉽게 그리고 강하게 움직인다. 조직이 클수록 이 점을 확실하게 해야 자발적 참여를 기대할 수 있다. '매출이 달성되면 나는 뭐가 달라지지?', '이 정책이 펼쳐지면 나는 뭐가 좋아지지?' 이러한 질문에 답변을 구체적으로 제시할 때 비로소 조직은 살아 움직일 것이다.

목적은 마음의 나침반이다

목적의식이 없거나 무너진 경우 21세기 초에 일어난 엔론이나 월드컴 사태 같은 일이 벌어진다. 이 기업들은 탐욕으로 회계를 조작하는 등 갖은 부정을 일삼다 결국 파산했다. 하버드 비즈니스 스쿨의 빌 조지 교수는 "문제의 중심에는 문제의 사람이 있었다"고 말한다. 결국 사람의 문제라는 것이다. 단기 수익을 중시하는 월 스트리트의 압박에 회사 이사회는 리더를 뽑을 때 기본을 망각하기 시작했다. 정직과 성실함 대신 외부에 비친 이미지를 보고 리더를 선임했다. 이렇게 선택된 리더는 탐욕과 압박에 굴복, 부정을 일삼다가 파산을 초래했다. 결국 기본이 무너지자 모든 것이 무너져 버렸다. 그 기본이 되는 것이 뭐냐고 물었을 때 빌 조지 교수는 '비즈니스의 목적'이라고 답했다. 왜 기업을 하는가? 왜 일 하는가? 어떤 가치, 어떤 목적이어야 하는가? 여기에 대한 답이 바로 비즈니스의 목적이다. 이것이 없거나 있다 해도 눈을 감을 때 주위의 압력에 쉽게 굴복하고 주위의 탐욕에 금방 넘어가 버린다.

인생은 매 순간 변하는 사막을 걷거나 험한 바다를 항해하는 것과 같다. 〈라이언 일병 구하기〉에서 밀러 대위 또한 늘 새로운 임무를 부여받았고 전투의 양상도 매 순간 달라졌다. 매 순간 변한다면 우리의 목적을 어떻게 확신할 수 있을까? 그것을 알아야 매일의 전투에서 흔들리지 않고 제대로 목적을 향해 나아갈 수 있을 것이다. 이때 필요한 것이 바로 '내적 나침반'이다. 우리 마음에는, 우리 회사에는, 우리 조직에는 어떤 나침반이 있고 어디를 가리키는지 생각해야 한다.

내적 나침반이 있으면 외부의 압력, 시련과 어려움에도 가야 하는 방향을 알 수 있다. 물론 시련 속에서 나아가는 방향이 틀어질 수도 있고 풍랑을 만나 헤맬 때도 있다. 그럴 때마다 내적 나침반이 가리키는 방향과 비교해 다시 조정하여 방향을 새로 설정하는 것이 필요하다. 이런 이유로 빌 조지 교수는 책 제목을 《진북》으로 짓고 고유함의 리더십, '오센틱 리더십'을 설명했다.

하워드 슐츠가 가진 일곱 살 때 기억이나 밀러 대위와 대원들의 '살아서 고향으로 돌아가겠다는' 꿈은 목적 자체가 내적 나침반이었다. 그래서 어떠한 시련에도 끝까지 갈 수 있었다. 오디세우스가 20여 년 넘게 전쟁과 시련을 버텼던 것도 삶의 목적, 살아서 고향 이타카로 돌아가겠다는 일념이 있었기 때문이다.

회사도 마찬가지다. 매출을 얼마나 달성하겠다는 단기 목표가 있겠지만 그 이전에 근본적인 회사의 핵심 가치가 필요하다. 그래야 30년, 100년 기업으로 오래 존속할 수 있다. 동시에 어떠한 시련과 도전이 오더라도 흔들리지 않고 중심을 잡고 나아갈 수 있다. 그것이 핵심 가치가 가리키는 방향이요, 내적 나침반의 역할이다. 그래야 직원들이 각자의 '자기 생각'이 아니라 공동의 목적, 공동의 핵심 가치를 향해 같이 움직인다.

듀폰DuPont은 200여 년이 훨씬 넘는 역사를 지닌 초우량 글로벌 기업으로 명확한 네 가지 핵심 가치를 가지고 있다. '안전, 윤리, 환경, 인간 존중'. 이것은 구호만이 아니라 기업의 문화이자 공기와 다름 없다. 모든 회의, 인사 고과에서도 항상 이 네 가지가 우선이 된다.

회사의 실적이 좋지 않으면 서서히 망하지만 안전이나 윤리 사고가 일어나면 단번에 사라질 수 있다. 그렇기에 30년, 100년 이상 지속가능한 기업을 만들려면 모든 직원이 항상 지키는 확고한 핵심 가치가 반드시 있어야 한다.

스티브 도나휴는 저서 《사막을 건너는 6가지 방법 Shifting Sands》에서 인생을 사막에 비유한다.

- 아기를 갖는 것은 산이지만 아기를 기르는 것은 사막이다.

- 승진하는 것이 산이라면 리더가 되는 것은 사막이다.

- 직장을 바꾸는 것은 산이지만 커리어 자체를 바꾸는 것은 사막이다.

인생은 마치 고정되어 움직이지 않는 산이 아니라 매 순간 변하는 모래사막을 건너는 것과 같다고 말한다. 사막이 매 순간 변하니 지도로 표기할 수도 없고 지도가 없으니 방향도 알 수 없다. '무엇을 보고 따라갈 것인가?'라는 질문에 도나휴는 '내적 나침반'을 따라가라고 충고한다.

특히 '삶의 목적'은 인생길에서 방황할 때, 시련에 부딪혀 좌절할 때, 이를 이겨내고 바운스 백 하는 데 결정적인 역할을 한다. 스티브 잡스의 삶은 이를 확실히 입증한다. 세 가지 큰 실패, 즉 '자퇴, 해고, 죽음'으로부터 스티브 잡스를 다시 살아나게 만든 것은 다름 아닌 '삶의 목적'이었다. 잡스에게 '사랑하는 일'은 '세상을 바꾸는 것'이었다. 잡스는 내적 나침반이 가리키는 방향으로 계속 도전했고 실패해서 쓰러지면 바운스 백 하여 다시 일어났다. 그리고 '세상을 바꾸려는 잡스의 목적'은 PC, 애니메이션, 음악, 휴대전화, 태블릿 컴퓨터, 디지털 출판에 이르는 6개의 산업 분야를 혁명적으로 변화시켰다.

제3원칙
공자가 전하는
배짱의 철학

"용기! 빌어먹을! 모험! 올 테면 오라!

죽기 아니면 까무러치기!"

- 조르바가 부르는 노래, 《그리스인 조르바》에서

바운스 백을 위한 3원칙은 '배짱'이다. "시련아 와라, 한 번 붙어
보자. 네가 이기나 내가 이기나 해보자"라고 할 수 있는 마음가짐이
있어야 한다.

배짱을 이야기할 때 미국 프로야구 메이저리그 사상 최초의 흑인
선수로 알려진 재키 로빈슨을 빼놓을 수 없다. 그는 메이저리그에서

자신의 등번호인 42번을 영구 결번으로 만들 만큼 대단한 인물이다. 이뿐 아니다. 매년 4월 15일이면 메이저리그 선수들이 모두 42번 번호를 달고 경기에 임한다. 오죽하면 이런 말이 있을 정도다.

베이브 루스는 야구를 바꾸었고 재키 로빈슨은 미국을 바꾸었다.

메이저리그는 한때 백인들만의 리그였다. 1946년, 미국 메이저리그의 선수 400명 가운데 흑인은 브루클린 다저스에 입단한 로빈슨이 유일했다. 그는 야구 실력도 아주 좋았다. 데뷔 첫해인 1947년에 신인상을 받는 맹활약을 펼쳤고 1949년에는 내셔널리그 MVP로 선발될 정도였다. 평균 타율 0.311을 기록한 그는 1962년 명예의 전당에 헌액되었다. 영어로 배짱을 일컫는 단어 가운데 구어에서 가장 흔하게 쓰이는 것이 'guts'다. 주로 복수로 사용되며 '배짱, 용기, 끈기'를 뜻한다. 그 단어를 떠올리면 로빈슨이 절로 생각난다. 재키 로빈슨을 모티프로 한 영화 〈42〉에서 리키 단장은 로빈슨과 처음 만나는 장면에서 분명하게 말한다.

흑인 최초로 메이저리그에서 경기하게 되면 엄청난 차별과 시련이 있을 텐데 한 가지가 확실히 있어야 해. 바로 배짱guts이네.

여기서 리키 단장이 말하는 배짱에는 더 깊은 뜻이 숨어 있다. 참고 견뎌내면서 끝까지 갈 수 있는 '지구력 있는 용기'가 필요하다는 뜻이 포함되어 있었다. 차별에 맞서 싸우는 것이 아니라 길게 보고 이성적으로 참아 승리하라는 말이다. 로빈슨은 이를 잘 지켜 험한 차별과 역경 가운데 바운스 백 할 수 있었고 결국 역사의 새로운 장을 성공적으로 열었다.

공자가 말하는 배짱의 철학

'배짱의 철학'이라고나 할까? 공자의 말을 들어보자. 그의 말에 따르면 배짱에는 힘과 만용에 의존하는 무식한 혈기가 아닌 더 깊은 뜻이 있다. 공자는 《중용》에서 '부드럽지만 꿋꿋한 용기'가 진정한 용기이자 강함이라고 말한다. 앞의 리키 단장이 말하는 배짱과도 상통하는 대목이다. 《중용》 10장에는 자로와 공자가 '용기와 강함'에 관해 대화를 나누는 장면이 나온다.

그런데 자로子路가 누구던가? 공자의 제자 중에서 가장 다혈질이었던 자다. 자로는 강함에 관심이 많았고 공자에게 강함이 뭐냐고 물었다. 공자의 답변은 이러했다.[61]

남방의 강함은 너그럽고 유순하여 가르쳐주고 무도함에 보복하지 않는 것이니 군자가 이에 처한다. 그러므로 군자는 화和하나 흐르지 않

으니 강하다 꿋꿋함이여. 중립하여 치우치지 않으니 강하다 꿋꿋함
이여. 나라에 도가 있을 때에는 궁할 적의 의지를 변치 않으니 강하다
꿋꿋함이여. 나라에 도가 없을 때에는 죽음에 이르러서도 지조를 변
치 않으니 강하다 꿋꿋함이여.

이 말을 주자朱子는 이렇게 풀이하고 있다.

군자의 강함은 인욕人慾의 사私를 이긴다. 공자가 자로에게 한 말씀은
혈기의 강함을 억제하여 덕의德義의 용맹으로써 나아가게 하신 것이다.

한 순간의 혈기를 제어하여 중립의 의지에서 나오는 꿋꿋함. 이것
이 공자가 말하는 용기이자 배짱이다.

공자는 이 용기와 배짱을 말뿐이 아니라 평생 꿋꿋하게 실천했다.
특히 인생 후반부의 주유천하 14년간에 죽음의 문턱까지 가는 고난
을 여러 번 당하고도, 또 '상갓집 개'처럼 굶주림에 헤매었지만 공자
는 늘 당당했다. 그중의 한 사건이다. 송나라의 사마환퇴가 공자를
죽이려 하자 제자들이 다급하게 재촉하며 그곳을 떠나자고 했다. 이
때 공자는 이렇게 대답한다.

"하늘이 나에게 덕을 주셨으니 환퇴가 나를 어찌 하겠는가."
-《논어》〈술이〉편

죽음의 문턱에서도 흔들리지 않는 배짱, 이것이 바로 바운스 백할 수 있는 힘이다.

비전을 뒷받침할 내공을 키우라

리더는 불확실한 현실에서 정보가 부족할지라도 꿋꿋하게 결단 내려야 할 때가 많다. 또 아무리 실행에 난관이 많더라도 꼭 해야 될 일이라면 결론을 내려 주어야 한다. 리더에게 배짱이 반드시 필요한 이유다. 아래는《논어의 자치학》에 나오는 이야기다.

> 세상에는 CEO가 되어서는 안 될 다섯 부류의 인간이 있다. 첫째는 허례허식과 형식에 사로잡힌 사람, 둘째는 인색한 사람, 셋째는 비전이 없는 사람, 넷째는 남을 믿지 못하는 사람, 다섯째는 배짱이 없는 사람이다. (삼국지에서 유비의 아들이었던) 유선이야말로 이러한 다섯 가지 모두에 해당하는 인간이었다. 결국 공명이 죽자 촉나라의 운명도 막을 내리고 말았다.

배짱을 리더의 중요한 세 가지 조건 가운데 하나로 꼽은 연구가 있다. 비즈니스 리더들을 오랫동안 코칭해온 데이비드 도트리치와 그의 동료들이 연구 결과를 모은 책,《머리·가슴·배짱》이다. 저자들은 오늘날 MBA 출신들이 글로벌 리더가 되기에 얼마나 준비가 빈약한지를 통탄한다. 그리고 세계적 리더로 성장하기 위해서는 이성적인 머리만으로 턱없이 부족하며 감성(가슴)과 용기(배짱)가 필수 덕목이라고 주장한다. 다양한 문화를 가진 다양한 인간들을 이끌어 나가고 동시에 모호하고 불확실한, 전쟁 같은 현실에 효과적으로 대처하려면 머리, 가슴, 배짱 이 세 가지를 통합적으로 갖추어야 한다고 강조한다.

사실 사업이란 본질적으로 위험을 가지고 있고 현대 사회는 그 어느 시대보다 더욱 모험적이다. 따라서 사업을 이끄는 리더들이 용기 있는 결단을 내릴 수 있도록 배짱이 필요한 것은 당연하다. 냉혹한 현실에서 회사와 조직을 바운스 백 할 수 있도록 리딩하려면 리더는 배짱을 키워야 한다.

그렇다면 실패 속에서도 바운스 백 할 수 있는 리더의 배짱은 어디서 오는 것일까? 또 어떻게 키울 수 있을까? 답부터 말하자면 '비전과 내공'이 확실해야 한다. 자동차에 비유하자면 비전은 핸들이고 내공은 엔진이다. 비전이 있어야 확실한 목적 의식을 가지고 리딩할 수 있다. 목적은 이미 앞에서 설명했으니 여기서는 다른 한 가지, 내공에 대해 자세히 살펴보자.

내공은 '경험'이 단련되고 쌓이면서 만들어진다. 그래서 뛰어난 조직일수록 리더들을 단련시키기 위해 여러 가지를 경험케 한다. 예를 들어 글로벌 기업에서 '최고 경영자급' 인재를 키운다고 가정해

보자. 전 세계를 대상으로 사업을 펼치는 글로벌 기업에서는 보통 다음의 '세 가지 경험'을 할 수 있도록 보직과 임무를 부여한다. 먼저 제조, 영업, 신사업 개척, 기획 등 다양한 업무를 폭넓게 경험하도록 계속 보직을 변경하면서 도전하도록 이끈다. 둘째, 아시아, 유럽, 미주 등 다양한 지역을 경험하게 한다. 글로벌 네트워크를 형성하고 다양성과 폭넓은 커버리지를 부여하기 위함이다. 셋째, 다양한 사업부를 책임지게 한다. 제품 사이클, 고객군, 성공전략이 다른 다양한 사업에 노출시켜 인재를 성장시킨다. 이렇게 다양한 위험에 노출되면서 용기와 배짱이 자연스럽게 몸에 배도록 이끌어주는 것이다.

투혼 경영은 '경영의 신' 이나모리 가즈오 교세라 명예회장이 강조하는 말이다. '이까짓 것에 질 수 없다'는 배짱이 투혼 경영의 핵심이다. 그는 투혼으로 어떠한 불황도 이겨낼 수 있다고 단언한다. 이것이 바운스 백 할 수 있는 힘을 준다. 시련과 역경이 닥쳤을 때 배짱으로 외쳐 보라. '시련 따위가 나를 어떻게 하겠느냐'고.

제4원칙
마음을 보존하고
지켜라

바운스 백 네 번째 원칙은 '마음'이다. 아무리 추락하고 힘들어도 마지막까지 반드시 지켜야 하는 최후의 보루인 '마음'. 마음을 지켜야 다시 바운스 백 할 수 있다. 몸이 무너지고, 재정적으로 무너지고, 인간관계가 무너지더라도 마음을 지키면 바운스 백 할 수 있다. 하지만 마음이 무너지면 다 무너진다.

그래서일까. 동서고금을 막론하고 '마음을 보존하고 지켜라'고 권한다. 마음을 이야기할 때 동양 철학과 그중에서도 맹자의 세 가지 마음, '조심操心, 방심放心, 존심存心'을 빼놓을 수가 없다.

조심, 방심, 존심

조심操心의 '조操'는 본래 '잡다, 쥐다'는 뜻이다. 조심을 그대로 풀면 '마음을 잡다', '마음을 잡아라'가 된다. 흔히 말하듯 '마음이 무너지지 않게 지키는 것'을 뜻한다. 요즘은 이 말이 일상적으로 쓰여 '실수가 없도록 마음을 경계하여 늘 주의하는 것'으로 일컬어진다.

바운스 백에서 역경의 중요성을 강조하는 것처럼《맹자》역시 그러했다. 그런 연후에 조심을 말한다.

> 사람이 덕행, 지혜, 기술, 재능이 있는 까닭은 항상 그에게 재난이 있기 때문이다. -〈진심 상〉편

즉, 사람은 반드시 시련과 역경이 있어야만 더욱 분발해 자기의 부족함을 채우기 위해 노력하며 그 결과로 지혜와 기술을 가질 수 있다는 말이다. 이 다음에 등장하는 말이 바로 '조심'이다.

> 외로운 신하와 서자는 조심스럽고 화를 깊게 염려하기 때문에 사리에 통달한다.

《맹자》〈고자 하〉편에는 마음을 잡고 보존하라는 말이 또다시 등장한다.

공자가 '잡으면 존재하고 버리면 없어진다. 나가고 들어오는 것이 시간의 제약이 없으니, 도대체 어디로 갈지를 모른다'고 하셨는데 이것은 사람의 마음을 가리켜 한 말이다.

풀이하자면 사람의 마음은 관리하고 지키면 온전하게 지킬 수 있고 버리고 관리하지 않으면 잃을 수 있다는 뜻이다.

방심放心은 '놓을 방放'을 써서 '마음을 놓다', '잃어버리다'는 뜻이다. 앞의 조심과 반대말이다. 이와 관련해 맹자의 유명한 비유가 있다. "사람이 닭이나 개를 잃어버리면 모두 찾을 줄 아는데 마음을 잃어버리면 도리어 찾을 줄 모른다." 그래서 맹자는 "학문의 도는 다른 것이 없고 곧, 잃어버린 마음을 회복하는 것뿐이다"라고 말한다.

마지막으로 존심存心은 마음을 보존한다는 뜻이다. 맹자는 존심과 관련해 특히, 리더는 달라야 한다고 말한다. "군자가 사람들과 다른 점은 마음을 보존하기 때문이다." 즉, 리더란 마음을 잘 지키는 자라는 것이다. 바로 이 점에서 리더와 리더가 아닌 사람이 구별된다. 그 차이에 대해 맹자는 이어 답을 알려준다. "군자는 한때의 고통이 있더라도 고통으로 여기지 않는다." 시련과 역경 속에서 담대히 바운스 백 하는 리더의 모습이 그려지는 듯하다.

다시 일어서기 위해 잊지 말아야 하는 그것

영화 〈록키 3〉은 이 원칙의 중요성을 잘 보여준다. 자만하다 추락하는 것, 추락해서 다시 바운스 백 하는 것, 마음을 지켜내는 방법 등이 생생하게 묘사된다. 〈록키 3〉을 크게 두 단계로 나눠 보면 메시지가 더 선명해진다. 첫 번째는 챔피언에 오른 후 매너리즘과 자만에 빠져 있다 추락하는 단계, 두 번째는 바닥에 추락한 후 마음을 회복해 다시 바운스 백 하는 단계다.

세계 챔피언이 된 록키 발보아는 10여 차례의 방어전에 잇달아 성공하면서 최고의 전성기를 구가한다. 그런데 정상에 오른 뒤 얼마 안 있어 자만에 빠져 어리석은 행동을 하기 시작한다. 연습을 게을리 하고 보여 주는 것에만 급급하다. 심지어 자신의 '동상'까지 세운다. 록키가 이처럼 매너리즘과 자만에 빠져 있을 때 미키 코치는 아래와 같이 말한다.

> 록키, 넌 3년 전에 참으로 강했어. 그런데 지금은 너에게 최악의 일이 일어났어. 네가 이제는 세련된 신사가 돼버렸다는 것이야.

그러나 록키는 전혀 변하지 않는다. 미키 코치는 마지막으로 한 번 더 피와 땀과 눈물을 흘리라고 당부한다. 준비가 제대로 안 된 록키는 그대로 타이틀전을 치르게 되고 결과는 예상대로 참패로 이어졌다. 실패하는 기업의 전형적인 모습도 이와 같지 않을까. 그는 결국 대가를 치른 것이다.

록키는 결국 바닥을 친다. 하지만 인생이 늘 그렇듯 안 좋은 일은 몰려다닌다. KO패 당해 챔피언 벨트를 뺏기자마자 록키의 코치 미키가 사망한다. 미키의 장례를 치르면서 록키는 서서히 마음을 다잡는다. 자기의 동상에 헬멧을 벗어 던지는 것으로 허영과 자만을 완전히 내려놓겠다는 각오를 새긴다. 결국 잃어버린 마음을 되찾은 것이다. 록키는 어딘가를 찾아간다. 후미진 뒷골목의 허름한 곳, 다름 아닌 미키의 체육관이었다. 미키의 체육관은 그가 처음 운동을 시작한 곳이다. 마음의 고향이자 그의 초심이 있는 곳에서 또 다른 만남이 시작된다. 권투 인생에 새로운 동반자가 나타난다. 전 챔피언 아폴로였다. 새 코치 아폴로는 다름 아닌 록키의 '마음'을 다잡아준다.

> 복서는 상처투성이야. 식구들한테도 보여주기 싫은 상처가 많아. 그래도 맞서서 싸우지 않으면 후회가 돼.
> 자네는 싸움에서 졌어. 왜냐면 자네는 그때 날카로움이 없었어. 진짜 문제는 절실함이 없었던 거야.
> 자네가 챔피언이 될 때는 그것이 있었어. 호랑이의 눈. 그것을 되찾아야 돼. 그게 시작이야.

절대 무너져서는 안 되는 한 가지가 '마음'이라면 그 마음을 나타내는 것이 바로 '눈빛'이다. 초심으로 돌아온 록키는 호랑이의 눈빛을 되찾는다. 그리고 다시 챔피언 벨트를 차지하며 바운스 백의 한 사이클을 극적으로 보여준다.

리더의 마음 공부

샌드백을 치는 록키를 보면 생각나는 리더가 한 명 있다. 2003년, 미국 시티그룹의 CEO였던 제이미 다이먼Jamie Dimon은 16년간 다니던 회사로부터 하루아침에 해고를 당한다. 그는 복싱 클럽에 나가 샌드백을 두들겼으며 자신처럼 고난을 겪은 위대한 지도자들의 전기를 읽었다. 성공한 기업인으로 늘 화려한 조명을 받던 그는 1년 반 정도를 이렇게 보내다 마침내 바운스 백에 성공해 JP 모건 체이스 그룹의 회장 겸 CEO로 복귀, 월스트리트 최고의 금융 거물이 되었다. 2010년 《타임》지 모바일 판은 갈릴레오, 비틀즈 등과 함께 그를 '최후의 승자' 대표 인물 10인으로 선정했다. 다이먼 회장은 마지막까지 '마음'을 놓지 않았기에 바운스 백에 성공할 수 있었다.

이처럼 리더십을 들여다보면 사람이 보이고 사람을 들여다보면 마음이 보인다. 그렇다면 자연스럽게 리더십 연구의 돋보기가 향하는 곳은 마음이 아닐까. 하버드 대학의 교육심리학자인 하워드 가드너가 리더십에 대한 연구를 마치고 출간한 책, 《통찰과 포용Leading

Minds》에서 확실하게 말한다.

> 리더십이 발생하는 영역을 이해하면 리더십의 본질에 대해서 보다
> 많은 것을 이해할 수 있다. 리더십의 영역이란 바로 '인간의 마음'을
> 말한다.

그는 다양한 유형의 리더들이 '마음 속으로' 삶의 중요한 문제들을 어떻게 규정했고 어떻게 해결했는지에 대해 집중적으로 탐구하는 과정에서 마음에 초점을 맞추었던 것이다.

리더의 바운스 백에도, 리더십 연구에도 마음이 중요한 만큼 리더에게는 마음 공부가 필수적이다. 하워드 가드너는 뛰어난 리더일수록 자기 성찰의 시간을 가진다는 점을 강조했다. 리더라면 '큰 그림'을 보아야 하기 때문이다. 그래서 유명한 정치 지도자이자 리더십 연구가인 존 가드너는 '정돈된 마음'을 유지하는 것이 중요하다고 했다. 정돈된 마음을 가지면 시야를 가리는 장애물을 제거하고 핵심 사안을 정확히 파악할 수 있는 마음의 안정을 주기 때문이다.

마음을 지키고 다스리는 일은 예로부터 꾸준히 강조되었다. 동양의 고전에서는 마음의 수양을 참으로 중요하게 여긴다. 흔히 '수신제가 치국 평천하修身齊家 治國 平天下'(몸을 수양하고 집을 가지런히 하고 나라를 다스려라)를 많이 이야기한다. 그러나 수신修身 이전에 나오는 것이 네 가지 더 있다. '격물格物' '치지致知'와 '성의誠意' '정심正心'으로 이른

바 《대학》의 팔조목^{八條目}이다. '격물치지 성의정심 수신제가 치국 평천하' 가운데 '성의정심'처럼 마음과 뜻을 바로잡는 것을 빼놓고 '수신제가 치국 평천하'를 논할 수는 없다.

리더가 하고자 하는 것이 집을 가지런히 하고 나라를 다스리는 것, 혹은 회사나 조직을 경영하는 것이라면 수신 이전에 '성의정심'이 먼저다. 그것이 리더의 기본 덕목이다. 자기 마음을 바로 수양하지 못한 자가 어찌 남을 이끌겠는가?

《맹자》의 말처럼 리더는 시련과 역경을 통해 '마음'을 분발하여 자신의 부족함을 채우기 위해 노력한다. 시련과 역경이 마음을 단련할 수 있는 적극적인 계기, 성장의 기회가 된다. 파도가 치더라도 흔들리지 않고 마음을 지키고 보존하는 것, 이 또한 리더를 리더답게 만드는 핵심이다.

마음을 지키는 리더는 호랑이 눈빛으로 전진한다. 늘 마음 공부를 통해 정돈된 마음을 유지하고 자기 성찰을 지속해 나갈 때, 어떠한 시련과 역경이 닥치더라도 바운스 백 할 수 있다.

제5원칙
3F 중
하나라도 가져라

생각해보자. 시련과 역경이 있을 때 혼자 힘과 생각만으로 바운스 백 할 수 있었는가. 여기에 확실한 메시지가 있다. 바운스 백의 주체는 자신이지만 이것이 전부는 아니라는 것, 즉 바운스 백의 성공에는 그 자신의 분투뿐만 아니라 도와주는 그 무엇이 있었다는 것을. 여기에 단초가 되고 동시에 가장 핵심 역할을 하는 것이 바로 바운스 백 실행 제5원칙에서 말하는 '가족Family, 친구Friend, 믿음Faith', 즉 3F다.

　제5원칙은 무척 평범해 보인다. 하지만 중요한 의미가 있다. 바운스 백을 말할 때 줄곧 초점이 '나'에게만 있었다면 이제는 생각의 폭이 '다른 사람', '지역 사회', 그리고 '사회 시스템'까지 넓어진다. 바운스 백의 지평이 대폭 확장된다는 말이다.

하버드 케네디 스쿨의 리더십 과정 마지막 수업에서 데이비드 거 겐 교수가 강조한 것은 다름 아닌 역경의 극복이었다. 또한 그 극복 과정에서 가족과 친구의 역할을 언급했다.

역경에서 가족과 친구들이 도와주는 역할은 정말 중요하다.

스티브 잡스가 적극 추천해 더 유명해진 애니메이션, 〈니모를 찾 아서〉는 '가족Family'과 '친구Friend'의 도움으로 역경을 극복하는 과정 을 잘 보여 줘 비즈니스 리더들이 종종 언급하는 영화다.

내가 그 영화를 좋아하는 이유는 다름 아닌 주제 때문입니다. 즉 위험 을 감수하는 법, 그리고 사랑하는 이들이 위험을 감수하도록 놔두는 것이 주제이기 때문입니다.[62]

주인공 니모는 친구들의 도움으로 가족과 재회하고 성숙할 수 있 었다. 혼자 힘만으로는 도저히 할 수 없는 것이었다.

시련과 역경을 극복하는 바운스 백에 3F 중 첫 번째인 가족[Family]의 중요성을 체계적으로 분석한 연구가 있다. 시카고 대학 가족건강센터 소장인 프로마 월시[Froma Walsh]는 다음 세 가지로 바운스 백에 긍정적 영향을 끼치는 가족의 중요성을 설명하고 있다.[63]

첫 번째는 가족 믿음 시스템으로 가족은 구성원 개개인에게 닥친 도전과 역경을 모두의 공동 문제로 인식하고 결속해 함께 대응한다. 삶에 대해 긍정적인 인식을 가지기 때문에 시련을 성장의 기회로 보며 격려한다. 아울러 일정한 형태의 도덕적, 영적 믿음을 갖고 있어 서로 연결되어 있고 도움 받을 수 있다고 확신한다.

두 번째는 가족의 조직 형태와 자원이다. 바운스 백을 잘 해나가는 가족은 유연하다는 특성을 보인다. 가족 중 누군가가 시련에 부닥치면 가족 전체가 최대의 역량을 발휘할 수 있도록 가족 구성원들이 고정적인 역할을 벗어나 서로 알맞은 역할을 해나간다. 뿐만 아니라 서로 연결된 네트워크를 총 가동한다. 정보, 경제적 자원, 감정적 지원과 격려 등 한 가족의 차원을 넘어 주위의 모든 자원을 동원하는 것이다.

세 번째는 가족의 소통이다. 개개인의 시련을 열린 소통으로 가족 모두가 명확히 알게 된다. 어려움을 다 같이 이해하고 격려와 도움이 즉각적으로 시작된다. 해결 방법 도출을 위해 함께 노력하며 결정 과정에 동참한다. 이 과정에서 스트레스의 많은 부분이 해소되며 남은 문제들은 협력적 해결 과정을 통해 풀어 나간다. 가족 구성원의 다양한 경험들이 다양한 시각에서 문제를 풀 수 있도록 하기에 혼자 해결할 때 보다 시간과 자원이 훨씬 절약된다. 월시의 결론은 이렇다.

> 오늘날 많은 가족들이 혼란과 곤경에 처해 있지만 더 많은 가족들은 놀랄 만한 회복력을 보여주고 있다.[64]

이러한 가족의 힘을 어떤 위기에도 흔들리지 않는 '가족力'으로 부르기도 한다. 수학적으로 1+1은 2지만 가족은 유기적인 존재이기에 1+1〉2가 된다. 가족은 구성원끼리 교류하면서 어마어마한 시너지 효과를 발휘한다. 나아가 다른 사람에게도 에너지를 나눠지는 경지에 도달한다.[65]

친구는 능력과 자신감을 키워준다

두 번째 F인, 친구Friend 역시 바운스 백에 큰 도움을 준다. 아리스토텔레스는 《니코마코스 윤리학》에서 "역경에 있을 때 친구가 더욱 필요하고 또 친구가 옆에 같이 있으면 슬픔이 줄어든다"라고 말했다.

상식처럼 보이는 이 말은 20세기에 들어와 하와이 카우아이섬 종단 연구 결과를 통해 증명된 바 있다.

1955년부터 약 40여 년에 걸쳐 카우아이섬에서 태어난 사람들을 추적 조사하여 시련과 역경 속에도 바운스 백 하는 이들의 공통 원인을 밝혀냈다.[66]

> 가난, 부모의 불화와 같은 위험 요소에 노출된 아이들 210명 중 3분의 1은 역경을 극복하고 훌륭한 성인으로 성장했는데 이들의 주변에는 든든한 버팀목이 있었다. 가정에서는 적어도 한 명 이상의 가족 구성원이 이들과 밀접한 관계를 형성하고 안정적인 양육을 제공했다. 그리고 지역 사회에서는 또래 친구들이 어려운 순간마다 힘이 되어 주었고 선생님들이 긍정적인 역할을 담당했다. 이런 결과는 제2차 세계대전 참전 군인들의 심리적 후유증을 조사한 연구에서도 확인된 바 있다. 즉, 가족과 동료 군인에게서 사회적 지지를 더 많이 받을수록 외상후 스트레스 장애를 더 적게 경험한 것이다.

이것이 친구의 힘이다. 여기서 친구의 범위는 이웃, 선후배, 성직자, 선생님, 또한 사회적 네트워크 등 관계 형성을 통해 지원과 격려를 해줄 수 있는 모두를 포함한다.

확장된 친구들은 멘토로서의 역할까지 한다. 앞의 하와이 카우아이섬 종단 연구에서 바운스 백을 보여 준 많은 아동들은 멘토와 연결되어 특별한 취미나 기술, 예를 들어 목공예, 예술, 창조적 글쓰기를 발전시켰다. 이를 통해 그들의 능력과 자신감을 강화시킬 수 있었다.[67]

반대의 경우는 어떨까.[68] 데이비드 마호니는 《장수전략The Longevity Strategy》에서 "우리는 태생적으로 사회적인 동물이다. 사교성은 호르몬 분비와 신경계에 긍정적인 영향을 미친다. 사회적인 교류가 거의 없고 사람들과 함께 있을 때 즐거움을 별로 느끼지 못하는 사람들은 일찍 죽는다. 친구가 별로 없는 사람의 경우 심장마비와 암에 걸렸을 때 생존율이 상대적으로 낮다"라고 주장했다. 또한 로버트 퍼트넘은 《나 홀로 볼링Bowling Alone》에서 "사회적으로 고립된 사람들은 가족, 친구, 지역사회와 밀접하게 연결되어 있는 이들에 비해 어떤 이유에서든 죽을 확률이 두 배에서 다섯 배가량 높다"고 했다.

믿음을 가진 사람이 더 행복하다

마지막 F는 믿음Faith이다. 영적이고 종교적인 믿음은 바운스 백에 큰 기초가 된다.

교회에 열심히 나가는 사람들이 일요일마다 골프를 치는 사람들보다 더 건강하다.

미국 듀크 대학의 해럴드 코에닉 교수는 위와 같이 종교와 건강과의 상관관계를 함축했다.[69] 그는 의사로서 환자들이 어떻게 질병에 대처하고 있는지 이해하고자 종교와 건강의 관계에 대해 연구했다. 종교에 대한 믿음이 깊을수록 우울 수준이 낮았고 행복 수준은 더 높았다. 종교와 수명과의 관계에 대한 6년 이상의 연구 결과, 최소한 1주일에 1회 이상 교회에 다니는 사람들은 6년 후 최종 시점에서 생존할 가능성이 40퍼센트 더 높게 나왔다.

전쟁터에서는 무신론자가 없다는 말이 있다. "제발 저를 살려 주십시오"라며 기도하기 때문이다. 하루하루 사는 것이 전쟁터와 같고 비즈니스 역시 매일매일이 전쟁이지 않은가. 우리의 생활에서 믿음이 필요한 이유다. 믿음은 우리 삶의 목적이 무엇인지, 내가 왜 여기 있는지와 같은 심오한 질문과 만나게 될 때 답을 얻는 데도 큰 힘이 된다. 이에 관해 하버드 비즈니스 스쿨의 교수인 빌 조지는 다음과 같이 말한다.

> 자기만의 고유함이 있는 리더들은 종교의 힘을 이야기하는 경우가 많습니다. 기도의 힘, 교회 모임에서의 활동 등도 그렇습니다. 그래서인지 많은 리더들은 종교 활동을 열심히 하면서 심오한 질문에 대한 답을 구합니다."[70]

또한 사회 심리학자들의 연구에 따르면 시련에 잘 견디는 사람은 소위 '대담한 신념체계'를 가지고 있는데 이것이 인생의 여러 골치 아픈 일을 삶의 자양분으로 바꾸는 데 도움을 준다고 설명한다.[71] 이 '대담한 신념체계'는 ① 삶에서 의미 있는 목적을 발견할 수 있다는 믿음 ② 개인이 자신을 둘러싼 주위 환경 및 사건의 결과에 영향을 미칠 수 있다는 믿음 ③ 긍정적인 경험은 물론 부정적인 경험도 학습과 성장으로 이어진다는 믿음을 바탕으로 한다.

이런 점을 고려하면 종교라는 믿음을 갖고 있는 사람들이 한층 강력한 회복력을 보여준다는 점은 전혀 놀랍지 않다.

살아가면서 우리는 가족과 친구, 믿음, 이 세 가지로부터 많은 도움을 받는다. 리더는 누구인가? 자기자신뿐만 아니라 다른 이의 성공을 돕는 사람이 아닌가. 도움을 받았으면 도와야 한다.

바운스 백의 지평을 더 넓혀 다른 사람들의 바운스 백뿐만 아니라 사회의 여러 부분들도 함께 도울 수 있다면 더욱 의미로울 것이다. 예컨대 회사 조직, 지역 사회, 사회 안전망, 사회 네트워크 등을 활용하여 도울 수 있는 방법을 찾을 수 있다.

카네기멜론 대학의 한 연구는 대학 신입생이 속해 있는 사회 네트워크의 규모가 클수록 좀 더 강력한 면역반응을 보인다는 사실을 밝혔다. 정반대의 경우도 있다. 프린스턴 대학에서는 사회적으로 고립된 쥐는 혼자서 쳇바퀴를 돌리기 때문에 무리를 지어 사는 쥐에 비해 새로운 신경세포를 많이 만들어내지 못해 육체적으로 더 약하다는 연구결과를 내놓았다.

3F를 잊지 말라. 3F 모두 갖기 어렵다면 한 가지라도 꼭 가져라. 그리고 바운스 백의 사고 지평을 넓혀 나 혼자만이 아닌 주변 사람과 사회의 성장을 이끌 수 있는 바운스 백을 실행해보라.

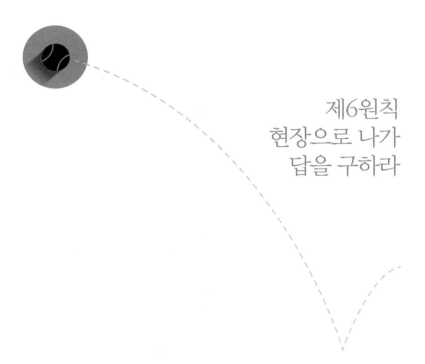

제6원칙
현장으로 나가
답을 구하라

인도의 민족해방 지도자 간디는 1915년 귀국하자마자 한 가지 일에
집중했다. 약 1년에 걸쳐 인도 전역을 돌아본 것이다. 그는 곳곳을 다
니며 직접 보고 느끼고 다양한 사람들을 만나 의견을 들었다. 간디는
본격적인 정치 투쟁에 나서기 앞서 농민 노동자를 포함한 민중의 현
실과 현장 체험을 우선 순위에 두었다.

　당시 영국의 지배를 받고 있던 인도에는 무려 70만 개의 마을이
있었으며 다양한 민족에 엄격한 계급 질서, 게다가 여러 종교가 얽
혀 있었다. 이러한 상황에서 현장을 중심으로 활동했던 간디의 결정
은 현명한 판단이었으며 적절한 행동이었다. 1년 뒤에 간디가 주위

사람들에게 한 말은 정곡을 찔렀다.

델리, 봄베이에 앉아 있는 당신들 몇 명이 전체 인도를 대표할 순 없습니다. 뙤약볕 아래에서 일하는 민중들과 연결되지 않으면 안 됩니다.

이때 나온 슬로건은 간단하지만 매우 명료했다. 간디는 인도 현실을 외면하고 책상에만 앉아 민중을 대표한다던 가짜 지도자들에게 이렇게 일갈했다.

가서 인도 현실을 보라!

간디의 이 말은 곧 '현장으로 나가라'는 뜻이다. 이것이 우리가 알아보고자 하는 바운스 백 6원칙이다.

잠시 뒤돌아보면, 앞의 다섯 가지 원칙들을 통해 마음의 준비는 모두 마쳤다. 그렇다면 다음 단계는 무엇인가. 목적을 세우고 호랑이의 눈빛으로 전진하려고 할 때 구체적으로 '무엇을 할지'에 대한 답을 찾아야 한다. 답은 어디에 있을까? 책상머리에 앉아서 상상으로 되는 일이 아니다. 현장에 가봐야 한다. 현장에서 직접 보고 느껴야 살아 있는 진정한 답을 얻을 수 있다. 그래서 '현장에 답이 있다'고 말하지 않는가. 다음 세 명의 비즈니스 리더들에게서 그 실제 교훈을 얻을 수 있다.

현장에서 답을 구한 세 명의 비즈니스 리더

먼저 루이스 거스너^Lou Gerstner 전 IBM 회장의 사례를 보자. 1993년 거스너는 회장에 취임하자마자 다양한 고객을 만나는 일을 집중적으로 했다. '현장'이라고 일컬을 때 그 속에는 여러 요소들이 들어 있지만 그중 비즈니스 리더에게 가장 중요한 것은 바로 '고객'이다. 따라서 '현장으로 나가라'는 곧 '고객을 만나라'는 뜻이다. 이것 없이 비즈니스 리더가 어떻게 현실을 파악할 수 있는가?

그는 IBM 제품에 대한 고객들의 시각을 있는 그대로 알고 싶었다. 특히 매킨지 컨설턴트 출신으로 아멕스카드사의 CEO를 역임한 거스너는 IBM에 오기 전에 컴퓨터 산업의 경험이 없었기 때문에 고객의 생각을 여과 없이 들을 수 있었다. 현장에서 고객을 통해 현실을 제대로 파악했던 것이다.

경영학의 구루 램 차란은 저서 《현실을 직시하라》에서 "거스너가 IBM에서 이룬 최대의 업적은 비현실로 치닫던 회사에 현실성을 불어넣은 것이다"라고 평가했다. 거스너가 IBM에 와서 회의에 참석하고 임원들을 면담하고 나서 한 말은 IBM이 얼마나 현장의 현실과 동떨어져 있었는지를 잘 보여준다. 이는 IBM만의 문제가 아니었다.

IBM은 성공에 필요한 모든 자산을 갖추고 있었지만 비현실주의가 문제였습니다. 하드웨어와 기술, 서비스의 강점에도 시장현실과 동떨어진 비즈니스 모델이 문제였죠. IBM에 와서 처음 참여한 전략회의에서 깜짝 놀랐습니다. 회의 내내 고객에 관한 질문은 없었고 경쟁사 제품에 대해서도 전혀 논의가 없었습니다. 단지 합의된 사항을 무조건 승인하는 형식적인 과정뿐이었습니다.

현장과 동떨어진 회의실에서 형식적인 토론만 해온 한심한 상황이었다. 거스너는 현장의 고객 목소리에 바탕을 두고 전략을 재점검하여 중요한 두 가지 결정을 내린다. 첫째는 회사를 몇 개의 작은 회사로 분리하자는 당시의 지배적인 의견에 과감히 '노'를 외쳤다. 이유는 간단했다. 고객들이 통합된 서비스를 원했기 때문이다.

둘째는 MS에 대항해 IBM 자체의 PC 운영 시스템을 개발하는 사업을 전격 중지시켰다. MS의 윈도우 시스템을 쓰기로 한 것이다. IBM사의 핵심 역량이 아닌데도 당시 IBM사 임원들은 PC 패권을 차지해야 한다는 자존심에 집착하고 있었는데 이를 멈추게 한 것이다. 앞서 《일리아스》에서 살펴본 '자기 생각'을 고집하는 문제를 현장의 목소리로 돌파한, 리더의 통찰력과 실행력이 돋보이는 대목이다.

과거를 잊고 현실을 혁신하라

《편집광만이 살아남는다》라는 책으로도 유명한 앤디 그로브의 사례도 살펴보자. 그는 '산업 현장의 움직임'에 극도로 집중했다. 특히 급격한 변화가 일어나는 '지점'에 주목함으로써 현실을 직시할 수 있었고 그때마다 과감한 결정을 내릴 수 있었다.

1980년대 중반 일본 기업들의 가격 공세에 밀려 인텔이 위기에 빠져 있을 때였다. 1984년 이익이 2억 달러 수준이었는데 1년 만에 2백만 달러 이하로 떨어졌다. 무려 100분의 1로 급락한 것이다. 콧대 높던 인텔사의 직원들은 일본 기업에 밀린다는 사실 그 자체를 인정하지 않았다. 경영진들도 마찬가지였다. 이러한 추락에서 어떻게 바운스 백 할 것인가? 어디에 답이 있는가? 현장이지 않던가. 산업 현장의 변곡점을 끈기 있게 관찰해온 그로브는 당시 CEO 고든 무어에게 변화를 촉구했다.

과거를 잊고 새로운 경영진이라고 여기며 현실을 혁신하라.

후에 인텔사는 그로브의 과감한 결정에 따라 메모리 반도체를 버리고 마이크로프로세서 기업으로 변신한다. 사실 메모리 반도체는 인텔이 개발하고 만든 시장이었다. 따라서 경쟁에서 지고 있음을 인정하고, 그것도 모자라 시장에서 완전히 철수한다는 것은 결코 쉬운 일이 아니었다. 하지만 시장의 흐름, 산업의 변곡점, 핵심 경쟁력 등을 검토한 그로브는 과감히 결정을 내렸다. 현장에서 답을 구한 것이다. 8,000여 명의 동료들이 회사를 떠나야 했지만, 그 후 마이크로

프로세서 기업으로 성공한 것은 이미 알려진 이야기다.

앨런 조지 래플리^{Alan George Lafley} P&G 회장 또한 현장을 매우 중요하게 여겼다. 2000년부터 2009년까지 P&G의 CEO를 지낸 래플리는 지난 2013년 또다시 P&G의 CEO로 영입되었다. 발표 당일 주식은 4퍼센트나 올랐다. P&G는 왜 다시 그를 불러들였으며 주식 시장에서는 그에게 왜 그토록 호의적이었을까? 이유는 명확했다. 래플리는 과거 P&G를 성공적으로 바운스 백 한 실적이 있었다. 그는 수년간 매출 400억 달러를 넘지 못했던 P&G 매출을 5년 만에 44퍼센트나 끌어올리는 수완을 발휘했었다.

래플리는 2009년 《하버드 비즈니스 리뷰》에 기고한 'CEO만이 할 수 있는 것'이라는 글에서 CEO는 '외부세계와 회사를 연결'시켜야 한다고 강조하고 또 강조했다.[72] 대부분의 임직원들이 회사 내부에 몰두하고 있다면 CEO는 외부세계와 회사 내부를 두루 살피고 이 둘을 효과적으로 연결해야 한다는 것이다. 현장으로 나아가 회사와 연결하는 것이 바로 CEO의 고유 임무요, 핵심 업무라고 했다. 그 중에서도 외부세계 즉 고객, 기술, 시장을 이해하고 해석해 회사 내부에 알려주는 일이 가장 기본이다. 외부세계, 즉 현장을 직시하지 못하면 회사 조직이 살아남을 수 없다는 것이다.

발코니로 나와라

모두들 현장을 외치며 돌아다니지만 현장이 모든 이에게 답을 주는 것은 아니다. 보고 싶은 것만 보고 듣고 싶은 것만 듣는다면 현장에 아무리 가본들 소용이 없을 것이고 현장은 또 다르게 박제된 사무실이 될 뿐이다. 현장에 나가는 그 횟수가 중요한 것이 아니라 한 번이라도 제대로 현장을 파악하는 것이 더 중요하다. 아래에서는 바운스 백을 위해 현장에서 답을 구하는데 도움이 될 지침 세 가지를 소개한다.

첫째, 발코니로 나와라! 이는 하버드 케네디 스쿨의 리더십 전공 교수 가운데 가장 왕성하게 활동 중인 하이페츠 교수의 말이다.[73] 발코니로 나가 전체를 살펴봐야 한다는 뜻이다. 그래야 현장의 진짜 모습이 제대로 보인다. 가령 무대 위에서 춤을 추는 사람은 춤에 몰두하기 때문에 모든 상황이 보이지 않는다. 이때 춤추던 무대에서 빠져나와 발코니로 올라가 아래를 내려다보면 전체가 잘 보인다.

매직 존슨이 농구팀을 잘 이끌 수 있었던 것도 코트에서 경기를 훌륭하게 할 줄 아는 능력과 코트 밖에서 게임 전체를 파악할 수 있는 역량을 모두 갖추고 있었기 때문이다.

리더는 늘 두 가지를 동시에 살펴야 한다. 부분과 전체, 디테일까지 큰 그림을 함께 볼 줄 알아야 한다. 주관적인 생각을 객관적인 상황에 늘 대비시켜 지속적으로 업데이트해야 한다. 무대에서 춤을 추는 것, 발코니에서 전체를 파악하는 것, 이 두 가지를 같이 할 줄 알아야 하며 또 연결할 수 있어야 한다. P&G 래플리 회장이 말한 CEO의 고유 임무, 즉 외부와 내부를 연결하라는 것과 같은 맥락이다.

발코니가 한 군데만 있는 것은 아니다. 현장도 여러 군데다. 고객도 다양하다. 한 군데의 발코니만 나가고 모든 것을 파악했다며 과신하지 마라. 여러 곳의 발코니로 나가 다양한 고객과 다양한 현장의 구성원들을 만나야 한다. 그래야 리더가 다양한 경로로 현장과 연결되어 보다 심층적인 현실을 파악할 수 있다.

시련과 역경 가운데 길이 보이지 않는가? 해결책이 떠오르지 않을 때는 발코니로 나와 전체를 보자. 우물 밖으로 나와 새로운 시각으로 바라보자. 보고 싶은 것만 보는 함정을 피해야 한다.

스톡데일 패러독스

현장에서 답을 구하는 두 번째 방법은 '스톡데일 패러독스'다. 스톡데일 패러독스란 시련과 역경에 빠졌을 때 그 현실을 외면하기보다 정면 대응하며 현실을 바로 직시하고 대비하는 사람이 막연한 기대에 근거한 낙관주의자보다 원하는 결과를 얻기 쉽다는 것을 뜻한다. 이를 좀 더 쉽게 이해하기 위해 짐 콜린스의 《좋은 기업을 넘어 위대한 기업으로》 가운데 한 부분을 살펴보자.

우리 모두는 인생행로에서 실망도 겪고 박살나기도 하며, 아무런 이유 없이 좌절을 맛보기도 한다. 그것은 질병일 수도 있고 부상일 수도 있다. 사고일 수도 있고 사랑하는 사람을 잃는 일일 수도 있다. 정계 개편에서 밀려나는 것일 수도 있고 베트남에서 쓰러져 8년 동안 포로수용소에 갇히는 것일 수도 있다. 거기서 사람을 가르는 것은 난관에 대처하는 방식이다. 나는 이것을 그에게 배웠다.

짐 스톡데일 장군은 베트남 전쟁에서 전쟁포로로 잡혀 수용소에 갇힌 미군 가운데 최고위 장교였다. 8년의 수용소 생활과 20여 차례의 고문을 견디면서 살아남아 나중에 3성 장군이 된 사람이다. 짐 콜린스는 스톡데일을 만나고 대화하면서 많은 것을 배우며 크게 성숙할 수 있었다고 고백했다.[74]

콜린스: 베트남 수용소에서 견디지 못하고 죽은 사람들은 어떤 사람들이었습니까?

스톡데일: 아, 그건 간단하지요. 낙관주의자들입니다.

콜린스: 낙관주의자요? 이해가 안 가는데요.

스톡데일: 낙관주의자들입니다. 그러니까 '크리스마스 때까지는 나갈 거야'라고 말하던 사람들 말입니다. 그러다가 크리스마스가 오고 크리스마스가 갑니다. 그러면 그들은 '부활절까지는 나갈 거야'라고 말합니다. 그리고 부활절이 오고 다시 부활절이 가지요. 다음에는 추수

감사절, 그리고 다시 크리스마스를 고대합니다. 그러다가 상심해서 죽지요.

결국 죽은 사람은 막연한 낙관주의로 근거 없이 석방을 희망하고 있던 자들이었다. 이들에게는 희망만 있고 냉철한 현실직시가 없었다. 반대로 살아남은 사람들은 두 가지를 모두 갖춘 사람들이었다. 살아남기 위해 가장 냉혹한 현실을 직시하는 것과 그렇지만 결국에는 성공하리라는 강한 믿음이 필요했던 것이다.

콜린스는 이것을 '스톡데일 패러독스'라 이름 짓고 비즈니스 리더들에게 적용했다. 그 결과 위대한 기업의 리더들은 늘 두 가지 측면을 함께 보면서 회사를 운영했기에 성공했다는 점을 발견했다. 콜린스는 이 점을 위대한 기업의 중요한 특성 중의 하나라고 말하며 다음과 같이 일갈했다.

냉혹한 사실을 직시하라. 그러나 믿음은 잃지 말라.

현장을 놓치는 비현실적인 리더의 5가지 습관

바운스 백을 위해 현장에서 답을 구할 수 있는 세 번째 방법은 다음의 질문에 답을 구하는 과정에서 도출되었다. 왜 기업인들이 현장의 현실을 제대로 직시하지 못할까? 램 차란은 관찰과 연구를 통해 그 원인을 규명해냈다. 그것은 현장을 무시하거나 현장에 나가도 아래에 나오는 5가지 습관 때문에 실패한다는 것이다.[75] 5가지 습관이란 정보의 여과, 선택적 듣기, 희망적 해석, 두려움, 맹목적 헌신이다.

비즈니스 세계는 정말 중요한 사실을 놓치는 경우가 많다. 이러한 정보의 여과는 같은 시각의 사람에게서만 정보를 받아들이는 태도가 원인이다. 밖에서 안을 보는 것이 아니라 안에서 밖을 보는 조직에서 흔히 나타난다. 따끈따끈한 현장 정보가 아니라 여러 단계를 거쳐 여과된 정보가 리더에게 전해진다.

또한 아무리 좋은 정보여도 귀를 닫아두면 아무 소용이 없다. 리더가 정보를 듣는 데 과거의 경험이나 선입관이 많은 영향을 끼치는 것이 선택적 듣기다. 과거의 영광에 젖어 있거나 해결책이 없다고 속단하여 문제를 직시하지 않는 경우가 이에 속한다.

지나치게 낙관하는 경우도 이에 반하는 정보를 모두 차단해버린다. 이것이 희망적 해석이다. 경험에 빗대어 낙관하는 일도 많다. "경기가 곧 회복될 거야. 항상 그래 왔으니까. 우리 회사 인재들은 늘 문제를 해결했어. 노력하면 잘 될 거야.", "내 이름을 걸고 맹세하는데 5년 안에 우리가 반드시 1등 할 거야"와 같은 오만이 가장 심각한 상황을 초래할 수 있다.

일이 잘못됐을까봐 두려워 입을 다무는 경우도 많다. 특히 조직이

권위적인 곳에서는 더 그렇다. 두려움은 어떤 경우든 현실에서 멀어지게 한다.

마지막 습관은 맹목적 헌신이다. 위대함은 헌신할 때 이루어진다. 단, 지나치면 문제가 된다. 맹목적으로 달려들면 새로운 현실이 눈에 들어오지 않는다. 상황 변화에도 옛 방식을 밀어붙인다. 새로운 전략이 필요해도 아무도 말하지 못한다.

'현장에 나가라'는 원칙을 훌륭히 실천한 링컨은 대통령 집무실에서 홀로 앉아 일하지 않았다. 그의 시간 중 75퍼센트 이상은 사람 만나는 데 썼으며 늘 현장으로, 전장으로 다녔다. 오죽했으면 남북 전쟁 내내 이런 말이 있을 정도였다. "군대 있는 곳에 링컨이 있다." 때로는 국무회의도 현장에서 했으며 필요하면 장관 사무실로 직접 가서 의견을 나누었다. 자연스러운 분위기에서 창의적인 아이디어가 나올 수 있었고 상호 신뢰할 수 있는 관계가 형성되었다. 의회 쪽도 마찬가지였다. 링컨은 의회를 수시로 또 정기적으로 방문했다.

링컨은 이러한 '현장 중심의 리더십'으로 역사를 만들었다.[76] 현장에서 현실을 직시함으로써 정확한 정보를 얻었고 빠른 결단을 내렸다. 현장에서 사람들과 함께하여 같이 웃고 같이 우는 공감의 정치를 이뤘고 소통과 믿음을 기반으로 하는 튼튼한 리더십을 발휘했다.

링컨처럼 현장으로 나아가라. 현장은 엄중하고 리얼하다. 그래서 냉혹하다. 하지만 그곳에 답이 있다. 아무리 목적이 확실하고 배짱 있고 호랑이 눈빛으로 살아 있다 할지라도 현장을 파악하지 못하면 몇 걸음 가지 못해 다시 위험에 빠질 것이다. 《손자병법》은 이 점을 명확히 말한다.

적에 대해서 파악하지 못하고 나에 대해서 알지 못하면 싸움마다 반드시 위험에 빠진다.^{不知彼不知己 每戰必殆}

제7원칙
지금 바로 도전하라

앞에서 말한 여섯 가지 원칙을 다 갖추어도 행하지 않으면 아무 소용이 없다. 계곡에 떨어져 귀인과 비급을 얻어도 무술을 연마하지 않으면 고수가 되지 못한다. 따라서 바운스 백의 마지막 원칙은 실행이다. 일을 했으면 결과를 내야 하고 결과를 내려면 일을 해야 한다. 목적을 세우고 배짱 있게 호랑이의 눈빛으로 현장에서 답까지 찾았다면 이제는 그 답을 '실행'할 차례다. 아래의 글은 《사기열전》에 나오는 예화로 괴통이 한신에게 하는 말이다.

지혜로써 일을 알면서 실행하지 않으면 모든 일이 화근이 됩니다. 그래서 '용맹한 호랑이가 주저하면 벌을 쏘는 것만 못하고 천리마라도 머뭇거리며 달리지 않으면 늙은 말이 천천히 걷는 것만 못하며 순 임금과 우 임금의 지혜를 가지고도 입을 다물고 말하지 않으면 벙어리가 손짓하는 것만 못하다'고 하는 것입니다. 이는 실행이 얼마나 중요한지를 말해줍니다.

이에 바운스 백 실행을 도와줄 6개의 구체적인 '실행 액션 팁'을 추출했다. 하나씩 자세히 실펴보자.

시작 버튼을 누르고 세상으로 페덱스 하라

프레드 스미스는 2012년 〈CNN Money〉가 선정한 '이 시대 최고의 사업가' 3위에 오른 인물이다. 스티스 잡스, 빌 게이츠만이 그 앞에 이름을 올렸고 아마존의 창업자 제프 베조스, 페이스 북 창업자 마크 저크버그, 구글 창업자 래리 페이지 등이 그 뒤를 이었다. IT가 아닌 비즈니스 분야에서는 1위다.

프레드 스미스는 페덱스 창업자로 화물운송에 혁명을 가져온 대단한 혁신가다. 그의 창업 스토리는 재미있기도 하지만 아찔하다. 1965년, 예일 대학을 다니던 그는 2학년 비즈니스 경제학 수업에서 리포트를 제출했다. 허브를 이용해 화물을 하루 만에 배달하는 아이디어였다. 자전거 바퀴의 부챗살 모양과 중간의 허브에서 착안한 것이다. 당시로서는 상상도 할 수 없는 대단히 혁명적인 생각이었다. 하지만 반응은 차가웠다. 담당 교수는 실현 가능성이 없는 엉뚱한 아이디어라면서 C학점을 주었다.

하지만 스미스는 대학을 졸업하고 나서도, 베트남 전쟁에 참전하면서도 계속 이 아이디어를 꿈꿔 나갔다. 베트남에서 돌아온 몇 년 뒤, 스물일곱 살인 1973년 드디어 페덱스를 창립했다. 일단 저지른 것이다. 이때부터 여러 어려움을 겪었다. 영업 첫날, 고작 186개의 화물밖에 접수되지 않았다. 당시 미국의 모든 운송업체는 페덱스가 곧 망할 것이라고 예상했다. 적자가 계속되었다. 운영 경비가 모자라 라스베이거스에서 도박으로 돈을 벌어 회사로 송금했다는 소문도 있었다. 이후 페덱스는 차츰 성장하고 혁신을 거듭했다. 특히 화물추적 시스템을 최초로 적용하면서 폭발적인 성장을 기록했다. 스미스의 시각은 격이 달랐다. 운송 사업을 화물 배달이 아니라 고객에게 마음의 평화를 주는 것으로 규정했다. 이렇게 해서 고객은 물건이 어디 있는지 더 이상 걱정할 필요가 없게 되었다. 품질관리 시스템도 뛰어나 1990년 서비스 기업 최초로 '말콤 볼드리지 대상'을 수상했다.

오늘날 페덱스는 화물 운송 글로벌 리더로 우뚝 섰다. 그뿐 아니라 '페덱스'라는 기업 명칭은 이제 '빠른 택배로 보낸다'는 뜻의 보통명사가 되었다. 아이디어를 포기하지 않고 과감히 시작한 실행이

혁명을 만들고 세상을 바꾸고 우리의 삶까지 변화시킨 것이다. 아이디어가 있는가. 시작 버튼을 누르고 세상으로 페덱스하라!

절대 포기하지 않는 정신

동력 비행기로 최초로 하늘을 나는 데 성공한 라이트 형제의 본래 직업은 자전거 가게 점원이었다. 라이트 집안은 지역 신문사를 경영하며 호황을 누리기도 했으나 대형 신문사가 등장하는 바람에 파산했다. 그 후 가족 비즈니스로 시작한 사업이 '작은 자전거 가게'였다.

늘 그렇듯이 라이트 형제의 성공 뒤에는 다른 라이벌이 있었다. 여러모로 라이트 형제와는 비교가 되지 않는 사람이었다. 당시 동력 비행기 개발을 주도하고 가장 성공 가능성이 많았던 사람은 랭글리 박사였다. 그는 성공한 대학 교수이자 스미소니언 연구소의 디렉터였으며 뛰어난 논문과 발명은 물론 비행 분야에서도 독보적이었다.

랭글리 박사는 미 정부로부터 무려 5만 달러라는 거금을 비행기 개발 자금으로 지원받았으며 1901년에는 사상 최초로 무인 동력 비행에 성공했다. 아무도 그의 성공을 의심하지 않았다.

1903년 10월 8일, 랭글리 박사는 유인 동력 비행을 최초로 시도했다. 언론을 비롯한 수많은 사람들이 사상 최초의 비행을 직접 보기 위해 몰려들었다. 그러나 비행기는 바로 추락해 강물에 빠졌다.

사람들의 반응은 냉혹했고 특히 언론의 비난은 참혹할 정도였다. 《뉴욕 타임스》는 이렇게 혹평했다.[77]

> 랭글리의 대실패는 전혀 예상치 못한 것이다. 앞으로 이 비행물체가 진짜로 하늘을 날기 위해서는 수많은 기계학자들, 수학자들이 수백만 년 연구해야 될지도 모른다.

처음에는 랭글리도 굴하지 않았다. 분석을 거듭해 문제점을 개선하고 비행기를 개조하여 약 8주 뒤 재도전에 나섰다. 그는 워싱턴 D.C의 포토맥 강가에서 다시 비행기를 띄웠다. 하지만 결과는 참담했다. 곧바로 뒤집혀 강물로 추락한 것이다. 추락한 비행기를 '어리석은 랭글리'라고 부를 정도였다. 공적 자금을 날렸다고 고소까지 당했으며 언론은 당장 비행기 개발 놀음을 그만두라고 성화였다.

그 후 랭글리 박사는 비행기 개발을 포기했다. 17여 년에 걸친 각고의 노력을 모두 멈추었다. 랭글리는 2년 뒤 심장마비로 사망하기에 이른다.

한편 라이트 형제는 노스캐롤라이나 주에서 사상 최초로 유인 동력 비행에 성공한다. 랭글리의 포토맥 추락사건이 일어난 지 채 2주도 지나지 않은 때였다. 하지만 라이트 형제는 성공에 그치지 않고 꾸준히 개선하고 끊임없이 실험해 점점 더 업그레이드를 해나갔다. 이로 인해 라이트 형제는 논쟁에도 불구하고 최초의 유인 동력 비행 성공자로 역사에 기록된 것이다.

라이트 형제의 성공비결을 한마디로 표현하면 무엇일까? '끊임없는 실행'이다. 라이트 형제는 첫 비행 성공 전 이미 모래언덕인 킬데블에서 1,000번에 가까운 실험 비행을 한 것으로 전해진다. 또한 랭글리와는 달리 멈추지 않고 계속 노력한 것이 결정적 차이를 만들었다.

라이트 형제만이 아니다. 부자가 되는 비법도 마찬가지였다. 빌리어네어billionaire를 대상으로 부자가 된 비결을 조사했더니 빌 게이츠, 워런 버핏, 레리 페이지, 하워드 슐츠 등 이유가 모두 달랐다. 배경도, 사업 분야도, 비즈니스 모델도 달랐으나 한 가지 점만은 똑같았다. '절대 포기하지 않는never give up' 정신이었다.[78]

이른 시간 내에 '작은 성공'을 확보하라

시련과 역경 속에 빠져 좌절했을 때 마음을 다지고 바운스 백 하기 위해서는 '작은 성공'을 겨냥하는 것이 좋다. 천 리 길도 한 걸음부터다. 한 번에 만회하려고 급한 마음에 욕심을 부리다가는 망하기 십상이다. 실패 보상 심리가 현실을 직시할 수 없게 만들기 때문이다. 위험 관리 차원에서도 작은 성공을 겨냥하는 것이 훨씬 도움이 된다.

작은 성공을 겨냥하면 빨리 이룰 수 있다. 역경은 늪 같아서 오래 있으면 지치기 쉽다. 작은 성공을 가급적 빠른 시간 내에 성취함으로써 국면을 전환하고 자신감을 회복해 바운스 백의 전환점을 확보하는 것이 중요하다. 작은 성공 하나하나가 모여 흐름이 되고 탄력을 받아 성공 사이클이 만들어지기 때문이다.

노벨문학상을 받은 소설가 존 스타인벡은 이렇게 고백한 바 있다.[79]

> 나는 500페이지의 소설을 쓰는 무척 고달픈 일 앞에서 늘 실패할 것만 같았고 못 해낼 줄 알았다. 그런 와중에 난 한 페이지를 썼고 또 다른 한 페이지를 써나갔다. 어느 날 보니 500페이지의 작품이 완성되어 있었다.

《90일 안에 장악하라》는 책은 새로운 직장이나 보직에서 3개월 이내에 조직과 업무를 장악하는 방법을 기술하고 있다. 그중에 강조되는 한 가지가 바로 '초기 승리를 확보하라'다. 새로운 보직을 수행하는 데 필요한 동력을 확보하고 자신에 대한 신뢰를 구축하는 데 초기 승리만큼 효과적인 것이 없다고 강조한다. 새 조직에서 빨리 가치를 창출하고 빨리 자리를 잡는 길이라는 것이다.

바운스 백 스토리를 생생하게 들려주며 사람들에게 바운스 백을 카운셀링해 주는 이가 있다. 미국 대학 농구 코치인 존 칼리파리다. 그는 중요한 바운스 백 원칙을 자신의 책에서 설명하는데 그 첫 번

째가 바로 '이른 성공을 확보하라'다.[80]

이처럼 작은 성공과 이른 성공은 바운스 백 전체 여정에 중요한 전환점이 된다.

난관을 극복한 실행은 충분한 보상을 받는다

스티브 잡스가 아이폰을 개발할 즈음 새로운 소재인 강한 재질의 유리가 필요했다. 이를 유리 전문 제조회사인 코닝사에 의뢰하기로 했다. 잡스는 코닝사의 대표 전화번호로 전화를 걸어 회장을 바꿔달라고 했다. 비서는 메모를 남기라고 했다. 잡스는 "나 스티브 잡스인데 회장을 바꿔주시오"라고까지 말했지만 거절당했다.[81]

이 이야기를 들은 코닝사의 회장 웬델 윅스는 잡스와 똑같이 애플사 대표번호로 전화를 걸어 스티브 잡스를 바꾸라고 요구했다. 역시 거절당했다. 이 일로 스티브 잡스는 윅스에게 호감을 느끼고 애플 본사로 초청했다.

잡스는 코닝사에 고릴라 글라스가 있다는 것을 듣고는 6개월 안에 공급해달라고 했다. 문제는 고릴라 글라스가 오래전에 개발만 되었지 양산되고 있지 않은 제품이라는 것. 비즈니스 기회는 종종 그렇듯 계획 없이 찾아와서 정신없이 몰아붙이지 않던가?

결국 코닝사는 미국 켄터키에 있는 한 공장에 긴급히 제조 라인을 꾸려 6개월도 안 돼 양산을 개시하여 무사히 공급을 마쳤다. 최고의 엔지니어를 투입하고 최고의 스피드로 이뤄냈다. 잡스는 코닝사에 보낸 메시지에서 이렇게 말했다. "귀사가 없었더라면 우린 해낼 수 없었을 겁니다."

난관을 극복한 실행은 충분한 보상을 받는다. 이후 코닝사의 고릴라 글라스는 휴대폰 강화유리의 절대 강자로 자리 잡았다.

성공의 전략은 빨리 틀리는 것이다

일류기업은 새로운 것을 창조하는 기업이다. 새로운 것을 만들려면 새로운 것을 시도해야 하며 그 과정에서 무수한 시행착오와 실수를 거듭하기 마련이다. 이것을 받아들이고 실패의 경험까지도 회사의 자산으로 인식할 때 위대한 기업으로 거듭날 수 있다.

기업에서 신규 비즈니스의 성공 확률이 얼마나 되는지 아는가? 보통 5퍼센트 정도를 말한다. 할리우드 영화의 흥행 성공률은 15퍼센트다. 그런데 100퍼센트 성공률을 자랑하는 회사가 있다. 출시한 영화마다 전부 성공시키고 〈니모를 찾아서〉를 제작하기도 한 애니메이션 전문 제작사 픽사PIXAR다. 이 회사의 리더들은 '니모'처럼 실수를 통해 배워 나가면서 성장한 사람들이었다.[82]

'픽사 웨이'란 책을 쓴 빌 캐포더글리에 따르면 픽사 신화를 창조한 주역들은 '패배자들'이란 공통점이 있다. 존 라스터 CCO는 사회 초년병 시절 디즈니에 입사했다 해고당한 전력이 있다. 그랬던 그는 앞서 살펴본 것처럼 디즈니의 구원투수로 금의환향하게 된다. 또 메가 히트작 '인크레더블'과 '라따뚜이'를 만든 브레드 버드 감독도 한때 디즈니에 취직했다가 쫓겨났으며 워너 브러더스에서 만든 '아이언 자이언트'는 흥행에 참패했다.

《빨리 실패하라 그것도 종종》의 저자 역시 실패를 통해 많은 것을 배운 예로 픽사를 들고 있다. 〈니모를 찾아서〉의 디렉터였던 앤드류 스탠튼은 단호하게 말한다.[83]

내 전략은 가능한 빨리 틀리는 것이다. 우리는 어차피 많은 실수를 할 것이고 또 시작하면 엉망이 될 것을 잘 안다. 하지만 그것을 두려워할 필요가 없다. 대신 우리는 이왕 틀릴 것을 빨리 틀려 피드백과 해결책을 신속하게 얻어왔다.

픽사의 경영 철학을 보면 생각나는 말이 있다. 아우구스티누스가 말한 "나는 실수한다. 고로 존재한다"이다. 이 말을 일류기업에 적용한다면 이럴 것이다. "실수한다. 고로 창조한다"라고.[84]

세상은 변하고 기회는 또 온다

미국의 비즈니스 전문 CNBC 방송이 창립 25주년을 기념하여 전 세계 기업 Top 20의 추이를 조사했다. '시가총액' 기준으로 1989년과 2014년 전 세계 상위 20개 기업을 조사한 결과는 놀랍기 그지없었다.[85]

2014년 Top 20에 여전히 남아 있는 회사는 불과 4개. 랭크 존속률이 20퍼센트다. 반대로 16개 회사가 Top 20에서 사라졌다. 정말 놀라운 것은 1989년에 랭크된 일본 회사 13개 전부가 2014년에 사라졌다는 점. 0퍼센트의 존속률이다. 변화가 극심하다는 말이 부족할 정도다. 리더가 잠시라도 방심할 수 없는 이유가 여기에 있다. 항상 깨어 있고 세상 앞에 늘 겸손하지 않을 수 없다.

꽃이 떨어진 곳에 새로운 싹이 핀다. 망하는 데가 있으면 흥하는 곳도 있는 법. 1989년과 비교할 때 2014년에 16개의 회사가 새롭게 이름을 올렸다. IT, 인터넷, 금융, 제약, 통신회사들이다. 1989년만 하더라도 누가 인터넷을 알았으며 스마트폰, 무선 핸드폰을 상상이나 했을까? 세상은 이처럼 빨리 변한다. 변화는 기회다. 동시에 새로운 비즈니스가 계속 등장한다. 리더가 눈을 크게 뜨고 기회를 포착해야 하는 이유다. 그래서 도전하면서 새로운 역사를 만들어나간다.

비즈니스뿐 아니다. 우리 인생도 마찬가지다. 인생살이도 변하고 변화 속에서 꼭 기회는 찾아온다. 위의 조사에서 2014년 기업 순위

1등은 바로 애플이다. 스티브 잡스의 과거를 우리 모두 잘 알고 있다. 그는 대학을 중퇴했으며 무료 급식을 얻어먹기 위해 먼 길을 걸어 다녀야만 했고 자신이 만든 회사에서 해고되었다. 이외에도 이 책에 등장하는 많은 이들이 실패로 바닥에 떨어졌지만 결국 바운스 백 하지 않았던가.

모든 실행은 도전이다. 그 속에는 난관이 가득 기다리고 있다. 난관을 극복해야 결과가 만들어진다. 그래야 그 과실을 맛볼 수 있고 또 리더로서 더욱더 여물어져 간다. 리더는 역경에도 '불구하고'가 아니라 역경을 '통해' 만들어지는 것이다. 잘나간다고 해서 오만할 수 없고 바닥을 치고 있다 해서 기죽어 있을 수는 없다. 세상은 늘 변화하고 기회는 꼭 온다. 새로운 도전과 변화 앞에 두렵고 불안하고 자신 없기는 누구든 마찬가지다. 그렇지만, 지금 당장 해보라. 실패해도 괜찮다. 우리에겐 바운스 백이 있다!

우리 모두는 각자의
'우주 오디세이아'를 쓰고 있다

2010년 여름 미국 보스톤, MIT 경영대학원의 한 강의실에서 나는 "5년 뒤의 내 꿈은 '리더십에 관한 책'을 펴내는 것"이라고 덜컥 말해 버렸다. 입학 직후의 오리엔테이션 프로그램 중의 일부였던 것으로 기억난다. 두 명씩 짝을 지어 향후 5년, 10년 뒤의 꿈이 무엇인지를 서로 이야기하는 도중에서였다.

책을 쓰겠다는 로망은 이전에도 늘 있었지만 어디 실행이 쉬운가. 하지만 말을 덜렁 내뱉고 나니 이상하게도 마음가짐이 달라졌다. 이윽고 행동 개시, 차차 실행에 탄력까지 붙었다. 리더십에 관한 강의를 MIT와 하버드를 넘나들면서 집중적으로 들었고 관련 자료를 구체적으로 모으면서 생각을 가다듬어갔다. 사서四書를 한문 원문으로 공부하기 위해 뛰어다녔다.

솔직히 책 쓰기는 고통이자 즐거움의 연속이었다. 미국 이타카와 한국을 오가며 공부하고 생각하며 집필했다. 책을 쓰면서 이런 책을 내겠다고 줄곧 생각했다. '뚜렷한 메시지와 실체'가 들어 있어 리더들에게 실질적인 도움을 줄 수 있는 그런 책 말이다.

이 시대를 힘겹게 살고 있는 리더들에게 반드시 필요한 그 한 마디, 그 메시지를 나는 찾으려고 했던 것이다. 스티브 잡스, 조앤 롤링 등의 연설을 보고서 무릎을 쳤다. 바로 이것이다. '바운스 백'. 그리고 그 바운스 백 렌즈로 보는 리더십, 바운스 백의 구체적 실행 원칙 등으로 내리 '일이관지'해 나갔다.

"인생은 한 방이야"라는 그 허망한 말에 귀가 솔깃한 것은 그만큼 힘든 현실에서 벗어나고 싶은 소망이 간절하기 때문이리라. 이제 이 책은 말한다. '인생은 바운스 백'이라고. 쓰러지고 실패하는 것이 인생이요 비즈니스지만 우리는 꼭 다시 회복할 것이라고. 단판 게임에서가 아니라 긴긴 여정 속에서. 그렇다. 바운스 백은 누구나 실패하는 '실패의 이 시대'를 살아가는 모든 이에게 주는 답이다.

우리는 바운스 백을 회복, 성장, 열림, 그리고 실행이라고 정의했다. 또 바운스 백을 위한 7가지 실천방안을 제시했다. 그 첫 번째가 "네 잘못이 아니야"로 대표되는 치유(힐링)였고 마지막이 "해보라"는 실행이었다. 이로써 바운스 백과 힐링과의 관계도 깨끗이 정리됐다. 힐링은 바운스 백이 시작되는 첫 단계일 뿐이라는 것, 즉 힐링은 노래와 요리로 비유하면 전주, 전채(에피타이저)라는 것이다. 바운스 백은 실행으로 종결되며, 그럴 때 치유도 궁극적으로 완성된다. 자전거를 타다 넘어졌다면 벌떡 일어나 페달을 힘차게 밟아야 다시 앞으로 가지 않겠는가.

2014년, 필자는 미국 동부 뉴욕주에 있는 작은 도시인 이타카에 살고 있었다. 공교롭게도 이 책에서 살펴본 오디세우스의 고향 이름 '이타카'와 같다. 어떻게 두 곳의 이름이 똑같을까. 조사해보니 유래가 있었다. 미국 동부 개척 당시 이곳에 도착한 이들이 그리스 로마 문화를 동경해서 이곳의 이름을 이타카라고 지었다고 한다. 오디세우스가 20여 년의 여정을 마치고 돌아온 곳, 그 '이타카'에 필자도 20여 년의 직장 생활을 거쳐 오게 되었다. 그래서인지 《오디세이아》를 연구할 때 감회가 남달랐다.

이타카에는 아이비리그 대학 중의 하나인 코넬 대학이 있다. 우주 천문학자인 칼 세이건이 코넬 대학 교수로 재직하며 그 유명한 《코스모스》를 집필한 곳이 바로 이곳 이타카다. 세이건은 《코스모스》에서 미약한 인간이 광대한 우주를 향해 계속 도전하는 모험을 그렸다. 우주 모험, 혹은 우주 방랑이라 할까. 내셔널 지오그래픽사가 이 《코스모스》에 바탕을 두고 제작한 13부작 천문 다큐멘터리가 바로 〈우주 오디세이아〉다.

원조 《오디세이아》가 미지의 바다를 향해 도전하는 인간의 모험과 방랑을 그렸다면, 세이건은 그 대상을 우주로 대체했다. 인간은 바다든 우주든 그 대상이 어떻게 바뀌든 모험과 도전 속에 분투하는 '오디세이아' 인생이다. 우리 모두는 태어나서 처음 맞이하는 인생을 모험처럼 살아가고 있지 않은가. 더욱이 한 명 한 명이 모두 우주란 점을 감안하면 우리 모두는 각자의 '우주 오디세이아'를 쓰고 있는 셈이다. 그래서 이 책은 모험과 같은 여정을 살아가는 우리 모두에게 바운스 백 능력이 반드시 필요하다고 강조한 것이다.

세이건이 우주를 향해 계속 도전하는 인간의 모험을 언급한 것처럼, 나는 이 책에서 인생과 비즈니스에서 쓰러져도 바운스 백 해 나가는 리더의 모습을 그려 보았다. 아울러 리더십을 쓰러지고 일어서는 분투 과정으로 설명하면서, 리더들의 삶과 그 스토리를 들여다봐야 한다고 말했다. 이처럼 리더십을 긴 여정 속의 분투과정으로 통찰하는 데《오디세이아》와 칼 세이건이 많은 영감을 주었다. 이타카에서 리더십을 '바운스 백 렌즈'로 성찰하며 이 책을 쓰게 된 것은 실로 큰 행운이었다.

애초에는 독자들을 대상으로 하는 책에서 사담 같은 '감사의 글'을 굳이 쓸 필요가 있을까 생각했었다. 하지만 책을 쓰면서 생각이 바뀌었다. 적어도 다음 세 가지에 대해선 꼭 감사해야겠다고. 큰 의미에서는 일종의 공동저자라 할 만큼 기여가 컸다.

우선 독자들이다. 비록 눈에 보이지는 않았지만 독자 여러분이 본다고 생각하면서 독자들과 대화를 해 나가는 기분으로 집필했다. 마치 같은 그라운드에서 함께 뛰는 파트너처럼 느껴졌다. 그렇지 않았더라면 아마 이 책은 미완으로 끝났을지도 모른다.

둘째는 도서관이다. 신세를 참 많이 졌다. 미국 도서관이 잘 되어 있었다. 인터넷으로 검색하고 동네 도서관에 비치되어 있지 않으면 인근 도서관에서 배달도 해주었다. 한국의 도서관도 뛰어났다. 검색, 대여, 여러가지 면에서 미국 못지않았다. 때로는 좋은 강좌가 개설되어 유익한 만남도 가졌다. 나에게는 좋은 놀이터이자 생각의 보고, 원재료 공급처였다.

다음으로 두 사람께 감사한다. 김영사의 고세규 이사와 강미선 책임편집자. 이들은 마법사다. 어설픈 '졸고'를 '책'으로 물리적, 화학적 변화를 일으켰으니 말이다.

끝으로 나는 희망한다. 이 책을 읽고 난 독자들의 마음에 '다리 bridge'가 하나 놓이기를. 인생과 비즈니스 역경의 계곡을 건널 수 있는 바운스 백 다리를. 아울러 인문학의 통찰력과 경영 현실을 연결할 수 있는 다리가 함께 놓인다면 더할 나위 없겠다.

참고문헌

1 Jean Edward Smith, 《FDR》, 2007, pp.187~212

2 리스티아네 취른트, 《실패의 향연》, 2007

3 김경준, 〈초일류는 실패마저 자기 재산으로 만든다〉, 《중앙일보》 2010. 3. 14

4 이신영, 인터뷰, 《조선일보》, 2013. 9. 14.

5 이나모리 가즈오, 《인생에 대한 예의》, 2012 p.10

6 같은 책, pp.51~53

7 잭 웰치, 《잭 웰치 끝없는 도전과 용기》, 2007

8 조앤 보리센코, 《회복탄력성이 높은 사람들의 비밀》, 2011, pp.34~35

9 안토니오 피가페타, 《최초의 세계 일주》, 2004, pp.48~50

10 같은 책 참조

11 벤저민 양, 《덩샤오핑 평전》, 2004

12 이인열, 카길 회장 인터뷰, 《조선일보》, 2014. 9. 20

13 중국 드라마 〈신삼국지〉 대사 인용

14 위와 동일

15 Andrew Zolli., Ann Marie Healy, 《Resilience: Why Things Bounce Back》, 2013

16 Paul G. Stoltz, 《Adversity Quotient》, 1997

17 같은 책 참조

18 같은 책 참조

19 삼성경제연구소, 《리더의 인생 수업》, 2012

20 짐 콜린스, 《위대한 기업은 다 어디로 갔을까》, 2009, pp.14~15

21 같은 책 참조

22 볼프 슈나이더, 《위대한 패배자》, 2005, pp.34~41

23 이지훈, 〈당신은 침팬지와 고슴도치를 키우고 있는가〉, 짐 콜린스 인터뷰, 《조선일보 위클리비즈》, 2010. 10. 2

24 김욱, 《탈무드에서 마크 저커버그까지》, 2011, pp.164~165

25 John Maxwell, 《Failing Forward》, 2000, pp.87~91

26 앨런 액슬로드, 《두려움은 없다-불굴의 CEO 루스벨트》, 2004, pp.48~50

27 카렌 톰슨 워커, 두려움이 우리에게 가르쳐 주는 것, TED 강연

28 Steven Snyder, 《Leadership Challenge and the Art of Struggle》, 2013

29 칼리 피오리나, 《힘든 선택들》, 2006, pp.120~127

30 Steven Snyder, 《Leadership Challenge and the Art of Struggle》, 2013, p. 5

31 이영완, 〈뇌를 바꾸는 소설의 힘〉, 《조선일보》, 2014. 1. 9

32 HBR Blog, 〈An interview with Nancy Koehn, Harvard Business School historian and editor of The Story of American Business〉, 2012. 11. 8

33 Nancy Koehn, 〈Leadership Lessons From the Shackleton Expedition〉, 《The New York Times》, 2011. 12. 24

34 빌 조지, 《진정한 리더십》, 2004, pp.62~3

35 Deborah Ancona., Thomas W. Malone., Wanda J. Orlikowski, and Peter M.Senge 〈In Priase of the Incomplte Leader〉, 《Harvard Business Review》, Feb 2007

36 코제스, 《The Leadership Challenge》, p.161

37 James Kouzes., Barry Posner, 《The Leadership Challenge》, 2007, p.111

38 엘리자베스 하스 에더샤임, 《피터 드러커, 마지막 통찰》, 2007, p.44

39 존 맥스웰, 《존 맥스웰의 위대한 영향력》, 2010, p.209

40 James Kouzes., Barry Posner, 《The Leadership Challenge》, 2007, p.20

41 빌 조지, 《진실의 리더십》, 2004, pp.36~37

42 엘리자베스 하스 에더샤임, 《피터 드러커, 마지막 통찰》, 2007, p.339

43 빌 조지, 《진실의 리더십》, 2004, p.57

44 Bill George, 《TRUE NORTH, Discover Your Authentic Leadership》, 2007, pp.3~7

45 탁상훈, 〈기울어가던 '커피 제국' 창업자가 돌아와 되살렸다〉, 《조선일보 위클리 비즈》, 2010. 4. 17

46 Adi Ignatius, 〈Interview with Howard Schultz, We had to own the mistakes〉, 《Harvard Business Review》, July-August 2010

47 Bill George, 《TRUE NORTH, Discover Your Authentic Leadership》, 2007, pp.14~15

48 같은 책 참조

49 알베르트 망구엘, 《일라아스와 오디세이아 이펙트》, 2012 p.13

50 같은 책 참조

51 스티븐 비트먼, 《그리스 신전에서 인간의 길을 묻다》, 2011

52 같은 책 참조

53 알베르트 망구엘, 《일리아스와 오디세이아 이펙트》, 2012, p.96

54 김헌, 〈호메로스의 '저승' 지워버린 소크라테스〉, 《한겨레》, 2011. 5. 13

55 스티븐 비트먼, 《그리스 신전에서 인간의 길을 묻다》, 2011, p.74

56 데이비드 보일 · 비브 크룻, 《처음 읽는 일리아스》, 2006, p.404

57 토마스 쿤, 《과학혁명의 구조》, 2007, pp.215~217

58 알베르트 망구엘, 《일리아스와 오디세이아 이펙트》, 2012, pp.247~248

59 이지훈, 《혼창통》, 2010, pp.193~194

60 윌리엄 데이먼, 《무엇을 위해 살 것인가》, 2012

61 성백효, 《대학 중용 집주》, 2014, pp.92-94

62 월터 아이작슨, 《스티브 잡스》, 2011, p.688

63 프로마 월서, 《가족과 레질리언스》, 2002

64 같은 책 참조

65 김성은, 《가족力》, 2012, p.5

66 최강, "심리적 외상과 회복탄력성", 〈사이온스 온〉, 2014. 7. 18

67 프로마 월서, 《가족과 레질리언스》, 2002

68 스콧 할츠만, 테레사 포이 디제로니모, 《행복한 가족의 8가지 조건(The Secrets of Happy Families)》, 2010, p.117

69 이영돈, 《마음》, 2006, pp.116~121

70 Bill George, 《True North》, 2007, p.145

71 Andrew Zolli, Ann Marie, 《Healy Resilience: Why things bounce back》, 2013, pp. 127-8

72 A. G. Lafley, 〈What only the CEO can do〉, 《Harvard Business Review》, May 2009

73 하이페츠, 《하버드 케네디스쿨의 리더십수업》, 2008, p.373

74 짐 콜린스, 《좋은 기업을 넘어 위대한 기업으로》, 2007, p.148

75 같은 책 참조

76 Donald T. Phillips, 《Lincoln on Leadership》, 1992

77 John C. Maxwell, 《Failing Forward》, 2000, p.36

78 Drew Sandholm, "Business titans reveal secrets of success", 〈CNBC〉, 2014. 4. 30

79 Ryan Babineaux., John Krumboltz, 《Fail fast, fail often》, 2013, p.79

80 John Calipari, 《Bouce back》, 2009, pp.228-229

81 월터 아이작슨, 《스티브 잡스》, 2011, pp.742~744

82 이신영, 〈픽사 영화 100% 흥행 기적 비법은 회사 내 계급장 떼기〉, 《조선일보 위 클리비즈》, 2013. 9. 14

83 Ryan Babineaux., John Krumboltz, 《Fail fast, fail often》, 2013, p.26

84 Kathryn Schulz, 《Being Wrong》, 2010, p.8

85 Paul E. Steiger, "What a difference 25 years makes", 〈CNBC〉, 2014. 4. 29

매년 겨울이 찾아오듯 삶에도 어려움은 반드시 찾아온다.

겨울이 오지 않기를 바라지 말고

어떤 추위에도 잘 견딜 수 있도록 튼튼한 자기 자신을 만들라.

나무의 차이는 겨울을 이겨낸 '다음'에 달렸듯,

리더의 차이는 실패 '이후'의 대응으로 만들어진다.

가장 밑바닥이 가장 단단한 기반이 된다.

그 한 가운데에 바로 바운스 백이 있다.